国家出版基金项目
NATIONAL PUBLICATION FOUNDATION

党的百年奋斗历史经验丛书

2022年主题出版重点出版物

总主编 辛向阳

敢于斗争

百年奋斗的鲜明品格

田旭明 著

山东城市出版传媒集团·济南出版社

图书在版编目(CIP)数据

敢于斗争:百年奋斗的鲜明品格/田旭明著. —
济南:济南出版社,2022.12
(党的百年奋斗历史经验丛书/辛向阳总主编)
ISBN 978 - 7 - 5488 - 5010 - 6

Ⅰ.①敢…　Ⅱ.①田…　Ⅲ.①中国共产党—党的建设
—研究　Ⅳ.①D26

中国版本图书馆 CIP 数据核字(2022)第 228103 号

敢于斗争:百年奋斗的鲜明品格
GANYU DOUZHENG:BAINIAN FENDOU DE XIANMING PINGE

出 版 人　田俊林
责任编辑　樊庆兰
封面设计　胡大伟
出版发行　济南出版社
地　　址　山东省济南市二环南路 1 号(250002)
印　　刷　山东省东营市新华印刷厂
版　　次　2022 年 12 月第 1 版
印　　次　2023 年 5 月第 1 次印刷
成品尺寸　170 mm×240 mm　16 开
印　　张　11.5
字　　数　132 千
定　　价　59.00 元

(济南版图书,如有印装错误,请与出版社联系调换。联系电话:0531 - 86131736)

总　序

辛向阳

　　从 1921 年成立到现在,中国共产党一路走来,筚路蓝缕,披荆斩棘,栉风沐雨,不断从胜利走向胜利,从一个辉煌走向另一个辉煌,已经走过了一百多年的历程。正如习近平总书记在庆祝中国共产党成立 100 周年大会上的讲话中所指出:"一百年来,中国共产党团结带领中国人民,以'为有牺牲多壮志,敢教日月换新天'的大无畏气概,书写了中华民族几千年历史上最恢宏的史诗。"一百多年前,党成立时只有 50 多名党员。今天,党已经成为拥有近一亿名党员、领导着 14 亿多人口大国、具有重大全球影响力的世界第一大执政党。一百多年前,中华民族呈现在世界面前的是一派衰败凋零的景象。今天,中华民族向世界展现的是一派欣欣向荣、朝气蓬勃的气象,正以不可阻挡的步伐迈向伟大复兴。这一百多年,有英勇顽强的奋斗,有艰难曲折的探索,有波澜壮阔的历程,也有动人心魄的故事,党历经淬炼,成就斐然。党自成立以来,始终把"为中国人民谋幸福、为中华民族谋复兴"作为自己的初心使命,以"为人类谋进步、为世界谋大同"彰显自己的天下情怀,始终坚持共产主义理想和社会主义信念,团结带领全国各族人民为争取民族独立、人民解放和实现国家富强、人民幸福以及强国建设、民族复兴而不懈奋斗，领导党和国家事业取得了历史性成就、实现了历史性变革、积累了历史性经验。

总结党的奋斗历程中的历史经验，既是党的优良传统，也是党的独特优势。过去一百多年，中国共产党向人民、向历史交出了一份优异的答卷。现在，中国共产党团结带领中国人民又踏上了实现第二个百年奋斗目标新的赶考之路，这就更加需要我们深刻总结党长期奋斗的历史经验。我们党历来高度重视总结历史经验。早在延安时期，毛泽东同志强调："如果不把党的历史搞清楚，不把党在历史上所走的路搞清楚，便不能把事情办得更好。"进入改革开放和社会主义现代化建设新时期，邓小平同志指出："历史上成功的经验是宝贵财富，错误的经验、失败的经验也是宝贵财富。这样来制定方针政策，就能统一全党思想，达到新的团结。这样的基础是最可靠的。"中国特色社会主义进入新时代，习近平总书记强调指出："历史是最好的教科书"，"历史是一面镜子"，"对我们共产党人来说，中国革命历史是最好的营养剂。多重温我们党领导人民进行革命的伟大历史，心中就会增加很多正能量"。习近平总书记还强调："中国历史是中国人民、中华民族坚持不懈的创业史和发展史。其中既有升平之世社会发展进步的丰富经验，也有衰乱之世的深刻教训以及由乱到治的经验智慧；既有当事者对时势的分析陈述，也有后人对前人得失的评论总结。可以说，在中国的史籍书林之中，蕴涵着十分丰富的治国理政的历史经验"，"我们学习历史，要结合我们正在干的事业和正在做的事情，善于借鉴历史上治理国家和社会的各种有益经验"。

在党的一百多年历史上，1945 年 4 月党的六届七中全会通过《关于若干历史问题的决议》，1981 年 6 月党的十一届六中全会通过《关于建国以来党的若干历史问题的决议》，2021 年 11 月党的十九届六中全会通过《中共中央关于党的百年奋斗重大成就和历史经验的决议》。这三个历史决议虽然诞生的历史背景、形成的现实条件和阐述的具体内容有所不同，但都以实事求是的原则总结了党的重大历史事件和重要经验教训，在重大历史关头统一了全党思想和行动，对推进党和人民事业发挥了重要引领作用。这三个历史决议贯通历史、现实和未来，深刻阐述了党团结带领人民争取民族独立、人民解放和实现国家富强、人民幸福以及开展强国建设、民族复兴的光辉历程，系统总结了党领导人民进行革命、建设、改革的历史经验，科学揭示了一百多年来中国共产党人对共产党执政规律、社会主义建设规律和人类社会发展规律的深刻认识。深入研究第三个历史决议，有助于我们牢牢掌握党和人民事业发展的历史主动，以党的重大成就和历史经验鼓舞斗志、凝聚力量、踔厉奋发、勇毅前行，以咬定青山不放松的执着、以一往无前的奋斗姿态接续夺取全面建设社会主义现代化强国的新胜利。

在党领导中国人民胜利实现第一个百年奋斗目标全面建成小康社会，踏上实现第二个百年奋斗目标新征程的重大历史关头，全面总结党的百年奋斗重大成就和历史经验，对推动全党进一步统一思想、统一意志、统一行动，团结带领全国各族人民夺取新时代中国特色社会主义新的伟大胜利，具有重大现实意义和深远历史意义。党的十九届六中全会通过的《中共中央关于党的百年奋斗重大成就和历史经验的决议》，是在建党百年历史条件下开启全面建设社会主义现代化国家新征程、在新时代坚持和发展中国特色社会主义的现实需要；是增强政治意识、大局意识、核心意识、看齐意识，坚定道路自信、理论自信、制度自信、文化自信，做到坚决维护习近平同志党中央的核心、全党的核心地位，坚决维护党中央权威和集中统一领导,确保全党步调一致向前进的政治需要;是推进党的自我革命、提高全党斗争本领和应对风险挑战能力、永葆党的生机活力、团结带领全国各族人民以中国式现代化全面推进中华民族伟大复兴而奋斗的时代需要。

回首党的一百多年的历程,正是在党的坚强领导下,中华民族才迎来了从站起来、富起来到强起来的伟大历史飞跃。党的十九届六中全会通过的《中共中央关于党的百年奋斗重大成就和历史经验的决议》,概括出来的具有根本性和长远性意义的十大历史经验,即坚持党的领导、坚持人民至上、坚持理论创新、坚持独立自主、坚持中国道路、坚持胸怀天下、坚持开拓创新、坚持敢于斗争、坚持统一战线、坚持自我革命,则充分反映了习近平总书记在党的二十大报告中所指出的:"实践告诉我们,中国共产党为什么能,中国特色社会主义为什么好,归根到底是马克思主义行,是中国化时代化的马克思主义行。"中国共产党历经一百多年,恰似风华正茂,仍然具有旺盛的生命力。世界充满好奇,时代充满追问。答案只有一个——坚定不移地坚持中国共产党的坚强领导。"党的百年奋斗历史经验丛书"正是立足于此,从基本史实、基本事实出发,全面阐释党的百年奋斗的十大历史经验,从政治、理论和思想等方面全面做出了回答。

加强对党的百年历史经验的研究,就是要深入研究党领导人民进行革命、建设、改革的一百多年的历史进程,全面总结党从胜利走向胜利的光辉历程,为国家、民族和人民建立的不朽功勋;深入研究党坚持把马克思主义基本原理同中国具体实际相结合、同中华优秀传统文化相结合,不断推进马克思主义中国化的一百多年的历史进程,全面深化对新时代党的创新理论的理解和运用;深入研究党不断增强党的团结、维护党中央权威和集中统一领导的一百多年的历史进程,深刻领悟加强党的政治建设这个马克思主义政党的鲜明特征和政治优势;深入研究党为"中国人民谋幸福、为中华民族谋复兴、为人类谋进步、为世界谋大同"的一百多年的历史进程,深刻认识党同人民生死相依、休戚与共的血肉联系,依靠人民创造历史伟业、创造历史伟业为了人民的阶级立场和推动世界社会主义运动发展、胸怀天下造福全人类的世界情怀;深入研究党加强自身建设、推进自我革命的一百多年历程,增强全面从严治党永远在路上的坚定和执着,确保党在新时代坚持和发展中国特色社会主义的历史进程中始终成为坚强领导核心;深入研究历史发展规律和大势,始终掌握新时代新征程党和国家事业发展的历史主动,增强锚定既定奋斗目标、意气风发走向未来的勇气和力量。

深入研究党的百年奋斗历程中形成的十大历史经验,要坚持科学的研究方法和原则要求。我们要坚持辩证唯物主义和历史唯物主义的方法论,用具体历史的、客观全面的、联系发展的观点来看待党的历史。要坚持正确党史观、树立大历史观,准确把握党的历史发展的主题主线、主流本质,正确对待党在前进道路上经历的失误和曲折,从成功中吸取经验,从失误中吸取教训,不断开辟走向胜利的新道路。要旗帜鲜明反对历史虚无主义,加强思想引导和理论辨析,澄清对党史上一些重大历史问题的模糊认识和片面理解,更好正本清源。尤其是,要坚持正确党史观和大历史观,立足于中华民族一百万年的人类史、一万年的文化史、五千多年的文明史,立足于五百余年的社会主义发展史、一百多年的中国共产党史、七十余年的中华人民共和国史、四十多年的改革开放史,从中华民族伟大复兴战略全局和世界百年未有之大变局出发,全面而准确地认清和把握新时代中国特色社会主义取得的历史性成就、发生的历史性变革。通过生动、深入、具体的纵横比较，把事实讲清楚，把道理讲明白，把理论讲透彻。

党的十九届六中全会通过的《中共中央关于党的百年奋斗重大成就和历史经验的决议》所总结的十条历史经验，是我们党百年奋斗中用鲜血和汗水凝练出来的理论结晶，既不是从哪本经典教科书上抄来的，也不是从哪个国家照搬来的，更不是在头脑中主观臆想出来的，而是系统完整、相互贯通的有机整体，揭示了党和人民事业不断成功的根本保证，揭示了党始终立于不败之地的力量源泉，揭示了党始终掌握历史主动的根本原因，揭示了党永葆先进性和纯洁性、始终走在时代前列的根本途径。这一历史决议深刻揭示了过去我们为什么能够成功、未来我们怎样才能继续成功，深刻阐述了中国共产党为什么能、中国特色社会主义为什么好、马克思主义以及中国化时代化的马克思主义为什么行，并进一步深刻回答了新时代坚持和发展什么样的中国特色社会主义、怎样坚持和发展中国特色社会主义，建设什么样的社会主义现代化强国、怎样建设社会主义现代化强国，建设什么样的长期执政的马克思主义政党、怎样建设长期执政的马克思主义政党等重大时代课题，是一篇闪耀着马克思主义真理光辉的纲领性文献，是新时代中国共产党人牢记初心使命、坚持和发展中国特色社会主义的政治宣言，是党领导广大人民以史为鉴、开创未来，全面建设社会主义现代化国家、全面推进中华民族伟大复兴的行动指南。

通过该丛书，我们可以清晰地看清楚过去我们党为什么能够成功、今天我们党如何成功，同时弄明白未来我们党怎样才能够继续成功，从而更加坚定、更加自觉地牢记初心、不忘使命，以更加宏大的气魄诠释胸怀天下。同时，在新时代更好坚持和发展中国特色社会主义，要不断坚持唯物史观和大历史观，以更加昂扬的姿态奋进新时代，逐梦新征程，踔厉奋发、勇毅前行、团结奋斗，全面建设社会主义现代化强国、全面推进中华民族伟大复兴。

全面建设社会主义现代化强国、全面推进中华民族伟大复兴，已进入了不可逆转的历史进程，我们比历史上任何时期都更接近、更有信心和能力实现这个目标。作为哲学社会科学工作者，我们要按照立足中国、借鉴国外，挖掘历史、把握当代，关怀人类、面向未来的思路，强化基础研究前瞻性、战略性、系统性布局，不断推进知识创新、理论创新、方法创新，以原创性、标识性的概念、话语、范畴、范式等深刻阐述党的百年奋斗历史经验生成的内在逻辑、内在机理。加快构建中国特色哲学社会科学学科体系、学术体系、话语体系，坚持用马克思主义及其中国化时代化的最新成果——习近平新时代中国特色社会主义思想观察时代、解读时代、引领时代，用鲜活丰富的当代中国实践来推动马克思主义发展，用宽广视野吸收人类创造的一切优秀文明成果，坚持在改革中守正出新、不断完善自己，在开放中博采众长、不断超越自己，不断深化对共产党执政规律、社会主义建设规律、人类社会发展规律的新认识，不断开辟马克思主义中国化时代化新境界！

目　录

第一章

敢于斗争是马克思主义政党的精神底色

历经百年发展，中国共产党成长为世界第一大党，带领中国人民创造了惊天动地、感天动地的伟大事业，这与我们党始终不忘增强自身斗争本领、赓续英勇斗争精神，以顽强、坚毅、无畏的斗争精神迎接艰难困苦分不开。毫无疑问，积极进取、不畏困难、愈挫愈勇的斗争勇气和精神是马克思主义政党的鲜明品质和真实写照，是我们党永葆青春活力的重要秘诀，是确保我们党能够团结带领中国人民积极投身建设社会主义伟大事业的精神密码。习近平总书记在党的二十大报告中指出，中国共产党立志于中华民族千秋伟业，致力于人类和平与发展崇高事业，"全党同志务必不忘初心、牢记使命，务必谦虚谨慎、艰苦奋斗，务必敢于斗争、善于斗争，坚定历史自信，增强历史主动，谱写新时代中国特色社会主义更加绚丽的华章"。未来新征程上，中国共产党人要继续发扬斗争精神，提高斗争本领，增强斗争的自觉性和主动性，这样才能把新时代中国特色社会主义事业不断推向前进，如期实现中华民族伟大复兴。

第一节　敢于斗争是马克思主义经典作家的精神写照

　　坚持真理，直面困难，不向旧势力妥协，敢于打破旧世界和建立新世界的斗争精神，在马克思主义政党创始人身上得到了淋漓尽致的彰显。马克思主义的产生与发展是一个充满艰辛的斗争过程，在马克思、恩格斯的许多著作中，也蕴含着大量宝贵的斗争精神。马克思、恩格斯、列宁等马克思主义经典作家的一生，也是以坚毅的斗争精神迎接挑战和直面困难的一生。

　　马克思、恩格斯的一生，皆是迎难而上、一直为解放无产阶级劳苦大众而积极斗争的一生。伟大的革命导师和共产主义战士马克思，毕生为了全人类解放而斗争，为了实现人的自由全面发展而斗争。马克思于1818年5月出生在德意志邦联普鲁士王国莱茵省特里尔城一个律师家庭。17岁时，马克思在高中毕业作文《青年在选择职业时的考虑》中立志为人类解放而工作，为人类解放的崇高理想而奋斗。可以说，从这时候起，马克思就萌生了解放无产阶级劳苦大众的革命理想。以马克思的出身、才华和社会关系，他完全有能力和条件过上衣食无忧的优越生活，然而马克思怀揣远大理想，立志为人类幸福奋斗，他在革命实践中对地主、资产阶级等剥削阶级的无情揭露和批判，使得他一生饱受各种保守主义和反动势力的排挤和驱逐，因而入不敷出、贫病交加，常为揭不开锅发愁、为无钱治病而饱受病痛折磨，甚至因交不起房租被赶出门。马克思指出，无产阶级革命"不可能从过去，而只能从未来汲取自己的诗情。它在破除一切对过去的迷信以前，是不能开始实现自身的任务的"①。1843 年 10 月，马克思和燕妮结婚后来到巴黎筹办并出版《德法年鉴》杂志。为了共同的理想信念，马克思和妻子的生活困难到了令人难以想象的地步。1845 年，马克思在其参与编写的报纸杂志中对德国的专制主义政治进行了尖锐而深刻的批评，再次引发政府的不满。在普鲁士政府的要求下，马克思遭到了法国政府指派的流氓的殴打，并被驱逐出境。但马克思并没有因此而退缩，而是继续以奋不顾身的勇气坚持斗争。马克思流亡伦敦期间，随其流亡的妻子在写给好友的信中，这样描绘他们当时艰辛的生活状况："这里奶妈工钱非常高，因此尽管我的胸和背总是痛得很厉害，我还是决定自己给孩子喂奶。但是这个可怜的小天使从我身上吸去了那么多的忧伤和内心的痛苦，所以他总是体弱多病，日日夜夜都在忍受着剧烈的疼痛。他从出生以来，没有一个晚上是睡到两三个小时以上的。最近又添了剧烈的抽搐，所以孩子终日在生死线上挣扎。由于这些病痛，他拼命地吸奶，以致我的乳房被吸伤裂口了；鲜血常常流进他那都抖动的小嘴里。有一天我正这样坐着，突然我们的女房东来了。我们一个冬天已经付给她 250 多帝国塔勒……但她否认这个合同，要求我们付给她五英镑的欠款，我们手头没有这笔钱（瑙特的信来得太晚了），于是就来了两个法警，将我不多的全部家当——床铺衣物等——甚至连我那可怜的孩子的摇篮以及眼泪汪汪地站在旁边的女孩们的比较好的玩具都查封了。他们威胁说两个钟头以

---

① 《马克思恩格斯全集》第 11 卷，人民出版社 1995 年版，第 761 页。

后要把全部家当都拿走。那是忍受着乳房疼痛的我就只有同我那冻得发抖的孩子们睡光地板了。"① 马克思和妻子共育有四女二子，但由于极度的贫苦窘迫，只有三个女儿长大成人。恩格斯这样客观科学地评价马克思的伟大一生："斗争是他的生命要素。很少有人像他那样满腔热情、坚韧不拔和卓有成效地进行斗争。"② 习近平总书记在纪念马克思诞辰 200 周年大会上也深刻地指出："马克思的一生，是为推翻旧世界、建立新世界而不息战斗的一生。"③

　　恩格斯与马克思是共同为解放无产阶级劳苦大众而并肩前行的亲密战友。同马克思一样，恩格斯很早就投入到了改造自我和改造世界的伟大实践中。青年时期，恩格斯以极大的使命感和思想自觉投入到德意志民主主义运动之中，直接参与了青年德意志运动。他的一生都在为革命理想奔走呼号，同欧洲各国反动统治者作了最为坚决的斗争。在并肩为实现共产主义理想而战斗的过程中，马克思和恩格斯结下了深厚的友谊。马克思逝世之后，恩格斯便担负起指导国际工人运动、整理马克思遗著的重任。1893 年，在欧洲大陆旅行时，恩格斯出席了第二国际的第三次代表大会。他在大会闭幕词中表示，各国无产阶级在反对敌人的剥削和压迫、争取解放的斗争中一定要加强团结，互相学习，遵守共同的革命原则。恩格斯晚年仍在为推动世界工人运动发展而奋斗，他踏遍欧洲各地，并依旧怀着到美洲考察一番的希望。可以说，恩格斯的一生，都在为无产阶级的解放而进行不懈的斗争。

---

① 《马克思恩格斯全集》第 48 卷，人民出版社 2007 年版，第 479 页。
② 《马克思恩格斯选集》第 3 卷，人民出版社 2012 年版，第 1003 页。
③ 习近平：《在纪念马克思诞辰 200 周年大会上的讲话》，人民出版社 2018 年版，第 5 页。

　　从马克思、恩格斯的经典著作来看，为了指导无产阶级"斗争"，解放全人类，他们进行了系列批判。从对黑格尔、费尔巴哈德国古典哲学的批判，到对亚当·斯密、大卫·李嘉图资产阶级经济学家的批判，再到对蒲鲁东主义、小资产阶级社会主义的批判，皆充分展示了马克思、恩格斯直击错误思想、与错误思潮进行的不懈斗争。马克思在《德意志意识形态》中指出，"一切历史冲突都根源于生产力和交往形式之间的矛盾"①，"这种矛盾的连续产生和同时解决正好就是运动"②，这充分说明了斗争是历史的必然选择，是推动人类历史发展的动力。在《法兰西内战》中，马克思将谋求无产阶级解放的斗争视为一个长期的历史过程，他指出："为了谋求自己的解放……他们必须经过长期的斗争，必须经过一系列将把环境和人都加以改造的历史过程。"③ 恩格斯也在《〈法兰西内战〉导言》中从经济、政治、社会等方面对蒲鲁东主义和布朗基主义进行剖析，指出无产阶级要进行革命斗争，必须有马克思主义政党的领导、科学理论的指导，才能够取得胜利。马克思、恩格斯的多部著作都明确指出，无产阶级的革命斗争要取得胜利，必须将全世界的无产阶级联合起来。可以说，马克思、恩格斯用尽一生，不断与阻碍无产阶级解放运动、妨碍无产阶级斗争的系列错误观点、思潮，以及资产阶级等作斗争，并在此情形下创立了马克思主义，为实现全人类解放的革命斗争提供了思想指导和精神力量。

　　列宁作为世界上第一个社会主义国家的缔造者，同样是敢于斗争

---

①《马克思恩格斯选集》第 1 卷，人民出版社 2012 年版，第 196 页。

②《马克思恩格斯选集》第 3 卷，人民出版社 2012 年版，第 498 页。

③《马克思恩格斯选集》第 3 卷，人民出版社 2012 年版，第 103 页。

的楷模。列宁 1870 年 4 月出生于俄国辛比尔斯克市，天资聪颖，智慧过人。1879 年 8 月 28 日，列宁进入中学学习，学习成绩优异。和马克思、恩格斯一样，列宁本可以以自身才华享受衣食无忧的生活，但他并不甘于追求个人的功名利禄，而是立志为维护世界上多数人的利益而奋斗。在不断努力下，1893 至 1894 年期间，列宁由一个革命民主主义者转变成一个真正意义上的共产主义者，自此以后，在任何艰难困苦面前他都没有动摇过理想信念。列宁一生撰写了大量的理论著作，如《什么是"人民之友"以及他们如何攻击社会民主党人?》《怎么办?》《唯物主义和经验批判主义》《马克思主义和修正主义》等。在这些著作中，他对形形色色的民粹派经济社会理论，特别是对唯心主义和形而上学的世界观进行了比较全面而系统的批判，促进了马克思主义在俄国和欧洲的传播，推动了无产阶级政党的全面发展。不仅如此，列宁一生还在实践中以革命的方式追求自己的理想。为了追求革命理想，他多次遭到反动当局的流放和迫害，屡有性命危险。但他不仅以顽强的毅力与沙皇独裁势力以及国内外资本主义和帝国主义势力进行彻底的斗争，还以坚定的立场同国内形色各异的非马克思主义派别作了最为坚决的斗争。1914 年第一次世界大战爆发后，第二国际的领导人大多从自己的利益或利益集团角度出发，沦为工人贵族，支持本国资产阶级政府的战争政策，德国社会民主党甚至公开投票支持工人参加战争以保卫祖国。这使列宁感到失望和难以接受，但他并没有因为第二国际的"死亡"而放弃无产阶级革命和解放的正义事业。这一时期，为了阻止机械唯物主义以及社会民主党对工人运动和斗争的戕害，列宁选择回到书斋学习马克思、恩格斯、黑格尔等人的哲学著作，研究帝国主义时代资本主义的发展特征和规律，著书立说批评那些支持本国战争的欧洲社会民主党。同时，列宁为解决当时无产阶级遇到的各种问题上下求索、不断思考，提出要按照辩证唯物主义和历史唯物主义的视角，"变帝国主义战争为国内战争"①，并要求在实践中尊重工人农民的创造性精神，注重把马克思主义同俄国和各国实践结合起来，积极准备掀起新的革命高潮。1917年11月，在列宁的领导下，俄国爆发了十月革命，推翻了俄国资产阶级临时政府，建立了苏维埃社会主义政权。综观列宁一生，他始终在为实现共产主义远大理想而不断斗争，虽遭遇种种挫折和磨难，但仍然斗志昂扬，以始终不变的决心进行斗争，捍卫无产阶级的利益。

第二节　马克思主义政党崇高目标要求敢于斗争

政党目标指通过政党的管理与治理所要达到的境地与标准，是政党的政治主张和需要，也体现了政党的基本特征。从马克思主义政党的实践来看，不同的历史阶段虽然有着不同的具体目标，但其长远和最终目标只有一个，即实现共产主义，解放全人类。马克思主义政党的政治目标与人类社会以前各种政党的政治目标既有相同之处，又有不同之处。马克思主义政党的政治目标虽然也是为了阶级利益而奋斗，其目的也是夺取国家政权、维护阶级利益，但不同之处在于马克思主义政党的这种政治目标是以无产阶级的阶级利益为基础，其夺取

①《列宁全集》第26卷，人民出版社1990年版，第44页。

国家政权的目的在于维护绝大多数人的利益而非少数人的利益，其最终目的是推翻资本主义在世界范围内的统治，反抗资本主义的霸权主义和强权政治压迫，进而实现人类解放和幸福。正如马克思和恩格斯在《共产党宣言》中所揭示的那样，"使无产阶级形成为阶级，推翻资产阶级的统治，由无产阶级夺取政权"①，而且这些运动的目标是"为绝大多数人谋利益的独立的运动"②，最终目的是实现人的全面解放。

中国共产党是马克思主义的坚定信仰者，以维护绝大多数人的利益为根本，继承与发展了马克思主义政党的远大目标，在实践中始终将民族独立、国家富强和人民幸福作为根本任务和目标。但这些目标绝不会轻轻松松实现，需要中国共产党人增强自身斗争本领、弘扬斗争精神，奋发向上、勇往直前。可以说，中国共产党的百年历史就是一部为了理想目标而坚持斗争、敢于斗争、善于斗争的革命奋斗史。

一、 为中华民族站起来而斗争

1921 年 7 月，中共一大在上海和嘉兴南湖的红船上召开。中共一大的召开，宣告了中国共产党的正式成立。毛泽东指出，"中国产生了共产党，这是开天辟地的大事变"③。我们党作为马克思主义政党，一经成立就把中国革命的责任和任务扛在肩上，给灾难深重的中华民族、处于水深火热之中的中国人民带来了希望，也使得中国革命的面

---

① 《马克思恩格斯选集》第 1 卷，人民出版社 2012 年版，第 413 页。
② 《马克思恩格斯选集》第 1 卷，人民出版社 2012 年版，第 411 页。
③ 《毛泽东选集》第 4 卷，人民出版社 1991 年版，第 1514 页。

貌从此焕然一新。新民主主义革命时期，以毛泽东同志为主要代表的中国共产党人团结和领导人民群众，经过 28 年不懈的斗争，终于找到了一条农村包围城市、武装夺取政权的革命道路，推翻了压在中国人民身上的"三座大山"，建立了中华人民共和国，真正实现了民族独立，人民群众获得了自由、解放。

在革命战争年代，为解救中华民族于水火之中而奋力斗争壮烈牺牲的烈士数不胜数。他们有的长眠于战场，有的因不屈服于反动派而被杀害……他们在紧要关头毫不犹豫地选择牺牲自己，把生命献给了民族的独立和解放事业。他们心怀正义，为了国家与民族，以无惧生死的斗争精神，为民族赢得了独立，换来了后人的幸福。所谓"砍头不要紧，只要主义真；杀了夏明翰，还有后来人"[1]，这既是革命先烈对祖国和人民深厚情感的凝练表达，也是其奋起反抗赢得民族独立斗争精神的体现。在争取民族独立和解放的整个革命进程中，"无数党员、无数人民和很多党外革命家，当时在各个战线上轰轰烈烈地进行革命斗争，他们的奋斗牺牲、不屈不挠、前仆后继的精神和功绩，在民族的历史上永垂不朽"[2]。毛泽东曾说，我们中华民族有同敌人血战到底的英勇气概，"成千成万的先烈，为着人民的利益，在我们的前头英勇地牺牲了，让我们高举起他们的旗帜，踏着他们的血迹前进吧"[3]！

为使中华民族站起来，我们党虽遭遇了各种各样的挫折，但依然凭借着勇敢的斗争精神克服了这些困难。除了以英勇无畏的斗争精神

---

① 中共中央组织部党员教育中心：《信仰：先驱的心声》，人民出版社 2013 年版，第 203 页。
② 中共中央文献研究室、中央档案馆：《建党以来重要文献选编（1921—1949）》第 22 册，中央文献出版社 2011 年版，第 75 页。
③ 《毛泽东选集》第 3 卷，人民出版社 1991 年版，第 1098 页。

应对敌人的打击外，共产党人还以不懈的斗争精神切实开展批评与自我批评，以锐意进取的精神状态、积极饱满的斗争热情挽救党内出现的错误。20世纪30年代，由于我们党的马克思主义理论准备不足，缺乏实践经验，对中国的历史状况和社会状况、中国革命的特点、中国革命的规律不甚了解等诸多原因，党内屡次出现严重的"左"倾错误，尤其是以王明为代表的党内"左"倾错误路线给中国革命带来了巨大损失。但因为中国共产党及时总结错误和认真反思，同错误思想路线进行坚决斗争，最终扭转了中国革命的局面，挽救了党和红军，挽救了中国革命的命运。

二、 为中华民族富起来而斗争

新中国的成立，标志着中国人民从此站起来了，揭开了中华民族发展历史的新篇章，极大地改变了国际政治力量格局，同时也表明中国共产党斗争的目标和任务发生了深刻变化。在中国共产党看来，中国革命要经过一个时期的新民主主义革命，在生产力水平得到较大提高的基础上，再经历一个社会主义革命阶段，将新民主主义转变为社会主义。但彼时的中国是一个人口众多、战争创伤未愈且各种条件都十分落后的国家，要想在这样的情势下建设社会主义，可以说面临着巨大挑战和困难。为此，我们党领导全国人民在社会主义革命和改造时期进行了不懈斗争，以顽强的斗争精神完成了新民主主义革命向社会主义革命的过渡，推动了三大改造的完成，建立了社会主义基本制度。社会主义基本制度确立后，毛泽东发出"把我国建设成为一个强大的社会主义国家"① 的号召。这体现了我们党不怕困难、勇于挑战、敢于拼搏的斗争品质。虽然 20 世纪 50 年代以后，社会主义建设事业遭遇挫折，但中国共产党与错误路线以及林彪、江青反革命集团进行了坚决的斗争，最终捍卫了人民政权和社会主义事业。在资源匮乏、生产力水平欠缺的条件下，面对一穷二白的经济基础，中国共产党领导全国人民勠力同心，共克时艰，逐步建立起了比较完整的工业体系，取得了社会主义工业化的历史性成就，推进了社会主义建设，不仅促进了中国社会条件的改善，促成了最为广泛而深刻的社会变革，更为后续的社会主义事业的建设、发展进步奠定了重要的政治前提和制度基础，同时也激发了中国人民的斗争精神，开启了自主探索社会主义的道路。在此进程中，锤炼出了一系列精神，包括无私奉献的雷锋精神、"宁可少活二十年，拼命也要拿下大油田"② 的铁人精神、勇往直前敢于超越的"两弹一星"精神等，这充分彰显了中国共产党人为带领中国人民富起来而奋发向上的坚定的斗争精神。

　　"文化大革命"结束后，1978 年 12 月 18 日至 22 日，党的十一届三中全会召开。会议高度评价了关于真理标准问题的大讨论，果断地把全党工作重点和全国人民的注意力转移到社会主义现代化建设上来。但当时，我们在进行社会主义建设、探索实现社会主义现代化的路径方面能够借鉴的经验有限，更多的需要我们自己摸索，需要我们解放思想、敢想敢干敢闯。为了加速中国经济发展，借鉴外国经济建设和管理的先进经验，党中央决定派出一批政府代表团出国考察。这一次出国考察的所见所闻，极大震撼了中央领导人的思想——外国能

---

① 《毛泽东文集》第 7 卷，人民出版社 1999 年版，第 44 页。
② 刘晓华、陈立勇、张文彬：《大庆精神及其当代价值》，人民出版社 2017 年版，第 145 页。

搞的，我们为什么不能搞？机会不可错过，在"引进"问题上，应胆子大一点，步子大一点。[①] 1979 年 1 月，中共广东省委第一书记习仲勋布置省委领导分头调研，有人建议在汕头划出一块地方建设加工试验区。4 月，习仲勋同志在中央召开的专门讨论经济建设问题的会议上发言："广东邻近港澳，华侨众多，应充分利用这个有利条件，积极开展对外经济技术交流。我们省委讨论过，这次来开会，希望中央给点权，让广东先走一步，放手干。"[②] 福建省也提出了在厦门建立出口加工区的要求。邓小平同志对广东省委和福建省委的想法表示赞同。他说："广东、福建实行特殊政策，利用华侨的资金、技术，包括设厂，这样搞不会变成资本主义。因为我们赚的钱不会装到华国锋同志和我们这些人的口袋里，我们是全民所有制。如果广东、福建两省八千万人先富起来，没有什么坏处。"[③] 邓小平同志还指示说："还是叫特区好，陕甘宁开始就叫特区嘛！中央没有钱，可以给些政策，你们自己去搞，杀出一条血路来。"[④] 从此，新中国迈开了向世界开放的具有重要历史意义的一步。[⑤] 在党中央的支持下，改革春风吹遍神州大地，中国改革开放拉开了大幕。自此，我国经济、政治、文化、社会等各个领域的一系列大刀阔斧的改革相继推进，生产力日益增强，人民生活质量越来越高，国家实力越来越强。这一时期，在历代中国共产党人的接续奋斗下，中国人民的温饱问题得以解决，总体小康得以顺利实现，并开启了科学发展、和谐发展的新征程，中国老百

[①] 王蕾：《中国经济特区创办的前前后后》，《世纪风采》2020 年第 5 期。

[②] 《习仲勋传》下卷，中央文献出版社 2013 年版，第 452 页。

[③] 《邓小平年谱（1975—1997）》上卷，中央文献出版社 2004 年版，第 506 页。

[④] 《邓小平年谱（1975—1997）》上卷，中央文献出版社 2004 年版，第 510 页。

[⑤] 王蕾：《中国经济特区创办的前前后后》，《世纪风采》2020 年第 5 期。

姓的"口袋子"鼓起来了，内心也更加充实起来。

1987 年，党的十三大提出"社会主义初级阶段"这一论述，表明中国虽然"进入社会主义"，但基本国情仍然是"生产力落后、商品经济不发达"，"建设社会主义"仍然是重要任务，"社会主义现代化的基本实现"成为基本目标，且这一目标的实现"至少需要上百年"。① 在社会主义初级阶段的基本国情下，中国共产党在建设社会主义过程中从未忘记和放弃实现共产主义的最高理想，始终把共产主义伟大理想同中国特色社会主义共同理想相结合。江泽民同志就曾鲜明地指出，共产党人"既要树立共产主义的远大理想，坚定信念，以高尚的思想道德要求和鞭策自己，更要脚踏实地地为实现党在现阶段的基本纲领而不懈努力，扎扎实实地做好现阶段的每一项工作。忘记远大理想而只顾眼前，就会失去前进方向；离开现实工作而空谈远大理想，就会脱离实际"②。经过几代共产党人的艰辛努力和不懈斗争，我们党从解决人民的温饱和生存这一最基本的问题着手，推动了改革开放这场"第二次革命"，在全面建设小康社会的道路上撸起袖子加油干，在改革开放的伟大事业中实现了人民生活水平的稳步提高和国家综合国力的稳步提升，促使中国人民摆脱了落后面貌，走向了富起来的新征程。在改革开放进程中，我们党还通过一系列斗争形式和策略，既对外扩大开放力度，又对内加强改革力度，同时坚定崇高理想和目标，坚决与西方资本主义划清界限，不仅提高了国家生产力和人民生活水平，还捍卫了社会主义制度。

①《中国共产党第十三次全国代表大会文件汇编》，人民出版社 1987 年版，第 12 页。
② 江泽民：《在庆祝中国共产党成立 80 周年大会上的讲话》，人民出版社 2001 年版，第 42 页。

三、 为中华民族强起来而斗争

不进行伟大斗争、不发扬伟大斗争精神，就不可能取得新时代的重要成就。当前，正值实现中华民族伟大复兴的关键期，中国正以稳健的步伐步入世界舞台中央，迎来了从站起来、富起来到强起来的伟大飞跃。很显然，这些伟大目标和历史任务绝不能停留在思辨和空想层面，更不能沦为空洞的口号，而要通过包括全体共产党人在内的中国人民在自己的岗位上辛勤劳动、真抓实干、埋头苦干，付出更为艰巨、更为艰苦的努力才能实现。为此，以习近平同志为核心的党中央提出统筹推进"五位一体"总体布局，协调推进"四个全面"战略布局，推动党和国家事业的长足发展，促进社会主义建设事业取得历史性成就。

为中华民族强起来而进行斗争，体现在我们党旗帜鲜明地批驳意识形态领域的各种错误思潮，坚决打赢敌对势力对我们发动的没有硝烟的思想战、舆论战，为建设社会主义现代化强国凝心聚力上；体现在党中央深入开展全面从严治党，推进反腐败斗争，并取得压倒性胜利上。以习近平同志为核心的党中央以顽强意志纠正党风，规范党员干部行为，健全反腐惩恶制度，着力消解破坏人民群众对党和国家信任的严重隐患；团结人民群众，以积极的心态、坚决的斗争精神，面对一次次挑战，处理一批批困难，赢得一次次胜利，取得一系列成果，实现了中国人民千年来孜孜以求的全面小康梦想；坚决反对美国在经贸、科技等领域的霸凌行径，顶住和反击外部极端打压遏制；以"天下大同"的大情怀，倡导构建人类命运共同体，维护人类共同的利益，针对"世界怎么了""我们怎么办"这一系列时代之问、世界之问给出了中国答案，为新时代开创党和国家事业新局面提供了坚强的思想保障和强大的精神力量。由此可见，在新时代背景下，中国共产党人始终不信邪、不怕压，敢于斗争、善于斗争，不仅经受住了各种难题的考验，还积极应对了来自政治、经济、文化、自然等方面的挑战，推动了党和人民事业不断从胜利走向新的更大胜利。

为实现中华民族强起来而进行的伟大斗争仍在继续，为实现国家富强、维护人民利益而斗争的先行者依然络绎不绝。疫情之下，无数冲锋在前的最美"逆行者"——军人、医务工作者、快递员、司机、志愿者等，以必胜的信念，铸就了伟大抗疫精神。他们虽然平凡，却以顽强的斗争精神铸就了不平凡的事业。在脱贫攻坚战中，也涌现出众多富有斗争精神的先进事迹。35 年坚守太行山的李保国，献身教育事业、点燃大山女孩希望的张桂梅，扎根基层、回报家乡的黄文秀等许多先进个人，以不懈的斗争精神，用实际行动铸就了齐心协力、共克时艰、不负人民的脱贫攻坚精神。可以说，不管是抗疫精神，还是脱贫攻坚精神，都是无数英雄用不怕牺牲、敢于斗争的精神谱写出来的赞歌，是新时代中国共产党领导人民为实现中华民族从富起来到强起来这一伟大飞跃而积极实践的精神写照，为中华民族实现伟大复兴、以昂扬的姿态屹立于国际舞台提供了深厚的精神动力。

第三节　马克思主义政党坚定立场要求敢于斗争

1848 年问世的《共产党宣言》开宗明义地指出："无产阶级的运

动是绝大多数人的，为绝大多数人谋利益的独立的运动。"① 在马克思主义看来，科学社会主义与空想社会主义者的乌托邦想象截然不同，它并没有把无产阶级仅仅视为一个被动的受苦受难的客体性存在，而是将其置于自己解放自己进而解放全人类的历史主体地位，认识到无产阶级将以其自身劳动方式的先进性和革命性助推人类社会由资本主义向社会主义、共产主义发展和转变。这就决定了作为无产阶级政党的共产党是为绝大多数人谋利益的政党，没有任何自己特殊的利益。所以列宁在论述苏俄农民问题时强调："在农民占大多数的国家里，我们必须会采取从经济上满足农民要求的办法，采取尽量多的措施来改善农民的经济状况。"② 毛泽东同志在中国革命实践中也指出："共产党人的一切言论行动，必须以合乎最广大人民群众的最大利益，为最广大人民群众所拥护为最高标准。"③ 1944 年 9 月，毛泽东同志出席张思德同志追悼会时再一次强调："我们这个队伍完全是为着解放人民的，是彻底地为人民的利益工作的。"④ 随后在党的七大上，毛泽东同志更是旗帜鲜明地作出"全心全意地为人民服务，一刻也不脱离群众"⑤ 的承诺，随后，"全心全意为人民服务"被写入了党章。可以说，人民立场是中国共产党的根本政治立场，也是我们党与其他政党的本质区别。

正所谓"得民心者得天下，失民心者失天下"⑥。坚持人民立场，

①《马克思恩格斯选集》第 1 卷，人民出版社 2012 年版，第 411 页。
②《列宁全集》第 41 卷，人民出版社 1986 年版，第 23 页。
③《毛泽东选集》第 3 卷，人民出版社 1991 年版，第 1096 页。
④《毛泽东选集》第 3 卷，人民出版社 1991 年版，第 1004 页。
⑤《毛泽东选集》第 3 卷，人民出版社 1991 年版，第 1094 页。
⑥ 习近平：《在党的群众路线教育实践活动总结大会上的讲话》，《人民日报》2014 年 10 月 9 日。

把人民根本利益始终摆在至高无上的位置，得民心、谋民利、顺民心，要求中国共产党人必须让人民大众摆脱各种压迫，维护好人民群众的根本利益，实现好人民群众对美好生活的向往，而这必然离不开艰苦卓绝斗争的开展，离不开对党的斗争精神的发扬。回首中国共产党的斗争历史，我们党自成立之初就以为中国人民谋幸福、为中华民族谋复兴为自己的初心和使命，矢志不渝做到"权为民用，情为民系，利为民谋"①。百年来，我们党从未忘记以维护人民利益为追求，始终坚持做好人民公仆，秉持"全心全意为人民服务"的根本执政理念和价值宗旨，坚守"立党为公、执政为民"的政治本色，不断推进革命、建设和改革事业；以人民心为心，群众反对什么、痛恨什么，我们就坚决防范和克服什么，群众需要什么、拥护什么，我们就心无旁骛地干什么，生动体现了为人民而斗争的政治品性。这也是我们党长期得到人民群众支持、拥护和立于不败之地的奥秘所在。

回顾百年党史，为始终站稳人民立场，我们党在革命、建设和改革的道路上，始终以敢战敢胜的强烈斗争精神与敌人、困难、风险、挑战等一切危害人民群众根本利益的因素作坚决斗争，这种敢于为民斗争的精神为我们党不断赢得一个又一个伟大胜利、带领人民创造美好幸福生活提供了源源不断的精神力量。在这一进程中，涌现出了无数个舍小家保大家，为国家、民族和人民利益抛头颅、洒热血的感人故事，激励着新时代中国共产党人不忘为民初心、矢志为民奋斗。1928年2月6日下午，广州起义结束后的一个半月，革命者周文雍和

---

① 李君如主编：《论新时期共产党员的修养》，人民出版社2004年版，第30页。

陈铁军的婚礼正在广州市区东面红花岗的刑场上举行。这对革命夫妻在被押往刑场的路上神态自若、毫无惧色，高呼"打倒国民党反动派""中国共产党万岁"①。此时，周围涌来大批围观的老百姓，陈铁军向人们呼喊："我和周文雍同志假扮夫妻，共同工作了几个月，合作得很好，也建立了深厚的感情。但是由于专心于工作，我们没有时间谈个人的感情。现在，我们要结婚了。就让国民党刽子手的枪声，作为我们结婚的礼炮吧！"② 这一年，周文雍年仅 23 岁，陈铁军年仅24 岁。周文雍和陈铁军两位烈士正是为了人民的利益，放弃了自己的生命和幸福，这种为人民而勇敢斗争的情怀和精神是中国共产党人高贵品质与斗争本色的鲜明体现。除周文雍和陈铁军外，在党的百年历史实践中，还有无数革命烈士、英雄人物，不忘初心，为争取人民解放、实现人民幸福而顽强拼搏、英勇斗争，进行了争取民族独立、抵御外侮的反侵略战争，争取祖国统一的国内革命斗争，反对西方资本主义意识形态渗透的意识形态战争，抗击危害人类生存的病毒的"没有硝烟的战争"，反腐倡廉的斗争等一系列斗争实践，为创建稳定有序的社会秩序、和平安定的生活环境和幸福安康的美好生活作出了不懈努力和重要贡献。总之，党的百年奋斗历史就是为民斗争的历史。

从新时代中国共产党的伟大斗争看，为什么而斗争，依靠什么力量开展斗争，怎样开展斗争……都是我们党开展斗争的前提性问题。显然，党的这种斗争绝不是没有目的地乱斗一气或是为了斗争而斗

---

① 《不屈的共产党人（二）》，人民出版社 1981 年版，第 122 页。

② 张文杰、黄莺：《中国革命战争纪实：土地革命战争·创建革命根据地卷》，人民出版社 2007 年版，第 260 页。

争。我们党敢于和坚持斗争的根本原因、依靠力量、斗争形式都与人民有着密切关系，其不是为了某些小团体和利益集团而斗争，也不是为了权势阶层而斗争，而是为了人民利益和福祉敢于与一切国内外敌人和一切艰难困苦较量、博弈，这是我们党不断推进自我革命、跳出历史周期率的关键所在，更是我们党能在艰苦环境中取得革命斗争胜利的关键所在。因此，在新的历史条件下，坚守人民立场是党对全体党员干部的第一要求。广大党员要赓续党坚守人民立场的传统，牢记党全心全意为人民服务的根本宗旨，守住初心、不忘使命，将崇高的理想信念融入为人民服务的行动之中，永远保持对人民的赤子之心。要明确一切为了人民的奋斗目标，接过前人的接力棒，继续为实现人民群众的幸福生活而努力奋斗、勇敢拼搏，真正扛起增强人民群众获得感、幸福感、安全感的时代重任。要坚持人民至上的原则，勇于进行自我革命，不断提升执政能力和水平，永葆党的先进性和纯洁性，使党的执政理念始终坚持为了人民和依靠人民。

第二章

中国共产党在敢于斗争中
建功立业

回首党的百年斗争史，中国共产党带领中国人民进行革命、建设和改革的艰辛历程中无不贯穿着我们党敢于斗争、敢于胜利的优良品质和政治本色，敢于斗争、敢于胜利成为长期以来支撑党和人民勇毅前行、不可战胜的强大精神力量。可以说，中国共产党正是在敢于斗争中扭转乾坤、开拓新路、开创伟业、强党兴党、走向世界的，敢于斗争已经成为党百年来建功立业的力量源泉和经验结晶。

第一节　中国共产党在敢于斗争中开创伟业

"我们党诞生于国家内忧外患、民族危难之时，一出生就铭刻着斗争的烙印"①，她的诞生符合历史发展潮流，充满着艰辛和斗争，可谓是一件"开天辟地的大事变"。20 世纪初，我国民族危机空前深重，军阀统治极度黑暗，无数爱国志士为此奋起反抗、求索抗争，努力探寻救国救民之路。在此斗争境遇下，一个完全新式的无产阶级政党——中国共产党诞生了，她"深刻改变了近代以后中华民族发展的方向和进程，深刻改变了中国人民和中华民族的前途和命运，深刻改变了世界发展的趋势和格局"②。1921 年 7 月 23 日，中共一大在上海市兴业路 76 号（原望志路 106 号）一座二层居民小楼中秘密举行，毛泽东、何叔衡、董必武、陈潭秋、王尽美、邓恩铭、李达、李汉俊、张国焘、刘仁静、陈公博、周佛海、包惠僧等 13 人，代表全国50 多名党员参加大会，共产国际代表马林和尼克尔斯基也出席了会议。会议第 7 天，也就是 7 月 30 日晚，中共一大第六次会议因一名疑似敌探的陌生男子闯入而中止，代表们被迫分批转移至浙江嘉兴南湖的一艘游船上召开了最后一次会议。会上通过了党的第一个党纲，确定了党的名称为"中国共产党"，选举了中央局成员。中共一大的召开宣告了中国共产党的成立，掀开了我国革命历史的崭新一页。习近

---

① 习近平：《在"不忘初心、牢记使命"主题教育总结大会上的讲话》，《人民日报》2020 年 1 月 9 日。
② 习近平：《在庆祝中国共产党成立 100 周年大会上的讲话》，《人民日报》2021 年 7 月 2 日。

平总书记说："中国产生了共产党，这是开天辟地的大事变，中国革命的面貌从此焕然一新。"① 从此，中国人民有了主心骨，中华民族伟大复兴有了坚强领导核心，嘉兴南湖上的游船也因此获得了"红船"这一载入中国革命史册的名字，成为中国共产党的"产床"。习近平同志在 2005 年发表的文章《弘扬"红船精神"走在时代前列》中首次阐释了以"开天辟地、敢为人先的首创精神"为核心的"红船精神"，深刻诠释了中国共产党在为挽救民族于危难、拯救人民于水火的斗争中诞生的风骨、气节和魄力。

总之，中国共产党在充满危险和斗争的环境中诞生，在斗争中完成建党伟业。这一伟业既闪烁着早期中国共产党人不惧艰难、敢于斗争的精神光辉，也开启了中国共产党不懈奋斗、英勇斗争的光辉历史。习近平总书记指出："中国共产党立志于中华民族千秋伟业，百年恰是风华正茂！"② 这不仅从大历史观出发高度评价了我们党创造的世纪伟业，还展现了党为民族复兴大业接续奋斗的历史担当和蓬勃朝气。百年来，中国共产党团结带领人民在推进中国崛起、复兴的过程中不畏风险、开拓进取，建立了诸多辉煌伟大、举世瞩目的功业。

一、 中国共产党在敢于斗争中开天辟地——完成救国大业

19 世纪 40 年代，西方列强通过鸦片战争撬开了中国的国门，打破了中国闭关自守的状态，破坏了中国的主权，使中国逐渐成为半殖民地半封建国家，中华民族遭受了前所未有的苦难。

---

① 《中共中央关于党的百年奋斗重大成就和历史经验的决议》，《人民日报》2021 年 11 月 17 日。
② 习近平：《在庆祝中国共产党成立 100 周年大会上的讲话》，《人民日报》2021 年 7 月 2 日。

　　面对国家蒙辱、人民蒙难、文明蒙尘，为挽救处于危亡的中国和苦难深重的民族，以毛泽东为代表的中国共产党人领导中国人民奋起革命，前仆后继、砥砺抗争，经过 28 年浴血奋斗，终于推翻了"三座大山"，取得了革命的伟大胜利，结束了旧中国一盘散沙的局面和半殖民地半封建社会的历史，建立了中华人民共和国，实现了中国从几千年封建专制政治向人民民主的伟大飞跃，完成了民族独立、人民解放、拯救国家和民族于水火、建立新中国的大业。

　　回顾历史，新民主主义革命时期，我国社会主要矛盾为帝国主义和中华民族、封建主义和人民大众之间的矛盾，这决定了我们党在当时的主要任务是进行反帝反封建的斗争，实现民族独立和人民解放。在此阶段，面对革命斗争中的炮火硝烟和枪林弹雨，以毛泽东同志为主要代表的中国共产党人始终发扬在斗争中创造新局面的精神，义无反顾地勇当斗争战士，始终以"明知山有虎，偏向虎山行"的斗争勇气和坚强决心带领中国人民拨开层层黑暗，开辟新的光明天地。应当说，敢于在艰苦卓绝的武装斗争中开天辟地是这一时期党传承和弘扬斗争精神的有力彰显，也是党之所以能够建功立业的重要原因。

　　建党初期，帝国主义势力操纵下的军阀混战愈演愈烈，推翻祸国殃民的大小军阀和帝国主义成为我们党的纲领和广大群众的共同呼声。当时，中国共产党为反对和推翻帝国主义在华势力和北洋军阀的统治，以个人身份加入国民党，与国民党合作进行反帝反军阀的北伐战争，希望以此推翻北洋军阀统治，结束十多年来军阀混战的混乱局面，实现国家独立和统一，开辟出新的光明世界。1926 年，帝国主义支持的北洋军阀主要有吴佩孚、孙传芳、张作霖三支势力，兵力 70 万人，而国民革命军当时只有约 10 万人。在敌我兵力悬殊的形势下，北伐军一路势如破竹，取得了巨大胜利。

北伐战争胜利后，以蒋介石为首的国民党反动派在帝国主义列强的鼓动和支持下，捕杀大批共产党员和工农革命群众，制造了震惊中外的"四一二"反革命政变。值此时刻，中国共产党人在极为严重的白色恐怖笼罩下顽强拼搏、前仆后继、奋不顾身，为推翻国民党反动统治而斗争，并在这一过程中淬炼了敢于斗争的政治品格。

早在北伐战争期间，陈独秀的两个儿子陈延年和陈乔年就积极战斗在第一线，组织工农群众支持北伐军的前线战斗。"四一二"反革命政变后，陈延年不顾个人安危与赵世炎等同志共同找寻失散同志，以恢复和重建党的组织。1927 年 6 月 26 日，由于叛徒出卖，陈延年被捕入狱。敌人为从陈延年口中获取党的核心机密，对其进行严刑拷打，但陈延年始终咬紧牙关，敌人一无所获。7 月 4 日就义前夕，刽子手要求陈延年跪下受刑，但他宁死不屈，对凶残的刽子手说："革命者光明磊落、视死如归，只有站着死，决不跪下！"最后陈延年被刽子手乱刀砍死，年仅 29 岁。① 同年秋，为重建党组织、汇聚革命力量，陈乔年奉命前往上海从事地下工作。他丝毫不畏惧哥哥陈延年几个月前牺牲于这座城市，反而在看清斗争的残酷后毅然决然选择与敌人进行斗争，并冒着生命危险深入工厂、学校、机关等联络同志，恢复被破坏的党组织。1928 年 2 月 16 日，就在哥哥陈延年牺牲不到一年，陈乔年同样因叛徒告密而不幸被捕。他在狱中受尽酷刑，吃尽苦头，但却一次次使敌人的阴谋受挫。6 月 6 日，陈乔年在当年陈延年就义的同一地点壮烈牺牲，年仅 26 岁。就义前，他那句豪迈宣言

---

① 朱洪：《一门三杰：陈独秀和他的两个儿子》，人民出版社 2018 年版，第 172 页。

"让我们的子孙后代享受前人披荆斩棘的幸福吧！"① 永远定格于天地之间，回荡于后人心中。

大革命失败后，中国共产党人并没有被吓倒和征服，而是敢于继续战斗，并在严酷的斗争教训中认识到武装的革命对于战胜武装的反革命的重要性。于是，在1927年8月1日，我们党在南昌通过武装斗争反抗国民党统治，这就是有名的南昌起义，它"标志着中国共产党独立领导革命战争、创建人民军队和武装夺取政权的开端，开启了中国革命新纪元"②。同时我们党还在这一时期领导和发动广大人民"打土豪、分田地"，努力开展群众革命斗争，为武装推翻国民党反动派统治而不懈奋斗。

土地革命战争期间，面对军内存在的单纯军事观点、流寇思想和军阀主义残余等非无产阶级思想，我们党于1929年12月召开古田会议，纠正了党内的错误思想，确立了思想建党、政治建军的原则。古田会议是在红军生死存亡的紧要关头召开的，是党和人民军队建设史上的重要里程碑。第五次反"围剿"的失败迫使中央红军实行大规模的战略转移，经过二万五千里长征由江西转移至陕北。1935年，为纠正党内严重且屡次出现的"左"倾错误和宗派主义组织错误，党中央决定在遵义召开政治局扩大会议。这次会议取得了很大成效，结束了"左"倾教条主义在党内的统治，开始确立了以毛泽东为主要代表的马克思主义正确路线在党中央的领导地位，开始形成"以毛泽东为核心的第一代中央领导集体，开启了党独立自主解决中国革命实际问题

---

① 《不屈的共产党人（四）》，人民出版社1984年版，第102页。
② 本书编写组：《中国共产党简史》，人民出版社、中共党史出版社2021年版，第37页。

的新阶段，在最危急关头挽救了党、挽救了红军、挽救了中国革命"①。

1931年9月18日，日军进攻沈阳，九一八事变爆发。为反抗日本帝国主义侵略，中国共产党以顽强的意志和英勇的斗争精神与日本侵略者进行了坚决抗争，通过创建并领导抗日民族统一战线，号召全民族团结抗战，筑成了民族统一战线的坚固长城，并以运动战、游击战、阵地战为革命战争的三种主要形式。历经14年艰苦卓绝、百折不挠的浴血奋战，中国人民终于打败了穷凶极恶的日本军国主义侵略者，取得了抗日战争的全面胜利，成功扭转了中华民族持续衰败的趋势，捍卫了国家主权和领土完整，不再受侵略者蹂躏。在整个抗日战争期间，中国共产党人始终勇敢战斗于战场上，团结带领全国各族人民坚持不懈地进行斗争，在此过程中孕育出了中华民族的伟大抗战精神。抗日战争的胜利赢得了近代以来我国反抗外敌入侵的第一次完全胜利，是中华民族由衰败走向复兴的历史转折点，也是中国共产党和中国人民在敢于斗争、敢于胜利中开天辟地的显著标志。抗日战争的胜利，不仅挽救了中华民族危亡，也彰显了中国共产党人视死如归、宁死不屈的民族气节和不畏强暴、血战到底的英雄气概。1945年，毛泽东在党的七大上总结24年战争时指出："我们党尝尽了艰难困苦，轰轰烈烈，英勇奋斗。从古以来，中国没有一个集团，像共产党一样，不惜牺牲一切，牺牲多少人，干这样的大事。"②

抗战胜利后，中国人民热切期望和平和民主，渴望建设一个新的

---

① 本书编写组：《中国共产党简史》，人民出版社、中共党史出版社2021年版，第59—60页。
② 《毛泽东文集》第3卷，人民出版社1996年版，第292页。

中国，开辟一个新的天地，但国民党反动派却在这时挑起全面内战，企图消灭中国共产党和其他民主势力，继续维持国民党一党专政。为粉碎国民党的军事进攻，中国共产党人不畏艰险、勇于战斗、浴血奋战，历经艰辛，最终推翻了国民党反动政府和压在中国人民身上的帝国主义、封建主义、官僚资本主义"三座大山"，建立了新中国，为劳苦大众打下一片新天地，开启了历史新纪元。1949 年 9 月 21 日，中国人民政治协商会议第一届全体会议在中南海怀仁堂开幕，毛泽东在会上庄严宣布，"占人类总数四分之一的中国人从此站立起来了"，"我们的民族将从此……以勇敢而勤劳的姿态工作着，创造自己的文明和幸福"①。1949 年 10 月 1 日，30 万军民在首都北京天安门广场举行开国大典，毛泽东主席在天安门城楼上庄严宣告："中华人民共和国中央人民政府今天成立了。"新中国的诞生，揭开了中国历史的新篇章，标志着千百年来受压迫和奴役的中国人民终于翻身成了新国家的主人，也意味着中国共产党完成了挽救民族危亡的救国大业。这是我们党自成立以来在斗争中开创的第一个伟大事业，为实现中华民族伟大复兴创造了根本社会条件和奠定了制度基础。

在新民主主义革命时期，中国共产党不仅用敢于斗争、勇于拼搏的精神和品质开创了独立领导人民武装斗争夺取全国政权的新局面，开辟了新中国的崭新天地，也在此过程中初步形成了党的伟大斗争精神。

---

① 《毛泽东文集》第 5 卷，人民出版社 1996 年版，第 343—344 页。

二、 中国共产党在敢于斗争中改天换地——开创兴国大业

新中国成立后，毛泽东同志反复强调我们党应继续"保持过去革命战争时期的那么一股劲，那么一股革命热情，那么一种拼命精神，把革命工作做到底"①。面对国际帝国主义势力对我国实行经济封锁、政治孤立、军事包围的严峻形势，面对国内巩固新生政权、迅速重建家园的历史重任，以毛泽东同志为主要代表的中国共产党人始终满怀革命热情，发扬拼命精神，自力更生、发愤图强，领导人民战胜了政治、经济、军事等一系列困难和挑战。

1950 年 6 月，美帝国主义悍然发动了侵略朝鲜的战争，并不顾中国政府一再警告，公然越过"三八线"，将战火烧到了中朝边境，严重威胁了新中国的国家安全。② 在当时新中国经济还未恢复、新生人民政权还不巩固的状况下，面对经济和军事实力都不可一世的美国，党中央和毛泽东同志以勇敢无畏的战略胆识和气魄作出了"抗美援朝、保家卫国"的重大决策。③ 中国人民志愿军在抗美援朝战争中与朝鲜人民军并肩作战，赴汤蹈火、舍生忘死，在敌我力量悬殊的情况下同美军进行了 2 年 9 个月的殊死搏斗，最终取得了伟大胜利，打破了美帝国主义不可战胜的神话，④ 保卫了新生的中华人民共和国，并锻造了伟大的抗美援朝精神。抗美援朝的胜利，彻底洗刷了中国近代

---

① 《毛泽东文集》第 7 卷，人民出版社 1999 年版，第 285 页。
② 刘宏煊主编：《抗美援朝研究》，人民出版社 1990 年版，第 437 页。
③ 习近平：《在纪念中国人民志愿军抗美援朝出国作战 70 周年大会上的讲话》，《人民日报》2020 年 10 月 24 日。
④ 逄先知、李捷：《毛泽东与抗美援朝》，中央文献出版社 2000 年版，第 133 页。

以来任人宰割的百年耻辱，是中国人民站起来后屹立于世界东方的宣言书，为中国的经济建设提供了相对和平稳定的国际环境，使新中国真正站稳了脚跟，中国人民真正扬眉吐气了。①

新中国成立之初，由于刚刚经历过革命战争的洗礼，社会面临生产萎缩、失业严重、物价飞涨、投机猖獗、民生困苦的现状，同时由于国内战争尚未彻底结束，新生政权并不稳固，因而继续反对敌人残余势力、巩固新生政权和恢复国民经济成为我们党当时最为迫切的任务。在满目疮痍、混乱不堪的现实情况面前，我们党为巩固政权，进行了镇压反革命运动，并取得了斗争的胜利，使新中国的政权更加稳固，为之后各项社会主义建设事业的开展扫清了外部障碍。为恢复国民经济，我们党领导人民迅速完成了土地改革和其他民主改革，实现了财政经济状况的根本好转。1952 年，我们党还开展了"三反"运动和"五反"运动，党风社风焕然一新。经过 3 年多的艰苦奋斗，新中国已然呈现出蒸蒸日上、欣欣向荣的局面。②

1953 年，为将中国转变成先进的工业国和社会主义国家，中国共产党始终以"咬定青山不放松"的韧劲和拼劲对社会主义工业化建设道路进行探索，创造性地提出了党在过渡时期的总路线，并在逐步实现国家社会主义工业化的同时进行社会主义改造。1956 年，社会主义改造基本完成，我国基本确立了社会主义制度，这是中国共产党立足时代条件践行斗争精神的显著体现。

社会主义改造完成后，我国进入了全面社会主义建设时期。在1956 年到 1966 年全面建设社会主义的十年中，我们党带领人民自力

---

① 本书编写组：《中国共产党简史》，人民出版社、中共党史出版社 2021 年版，第 156 页。
② 罗文东：《中国共产党百年历程经验探析》，《中国特色社会主义研究》2021 年第 2 期。

更生、发愤图强，为建设强大社会主义国家而不懈探索，经过曲折探索和长期努力，最终初步建立起独立的比较完整的工业体系和国民经济体系，成功地推进了社会主义建设的兴国大业，为中国发展富强和中国人民富裕奠定了物质基础，为实现中华民族伟大复兴奠定了根本政治前提和制度基础。党的八大指出，我国现阶段国内的主要矛盾是"人民对于建立先进的工业国的要求同落后的农业国的现实之间的矛盾"，是"人民对于经济文化迅速发展的需要同当前经济文化不能满足人民需要的状况之间的矛盾"。[①] 为解决这一主要矛盾，我们党确立了"四个现代化"目标，带领人民全面开展改变贫穷落后面貌的社会主义建设，与艰难的建设困难作顽强斗争，自力更生、自强不息、艰苦创业，最终战胜了经济建设中缺资金、技术和人才等各种难题，促进了我国经济的快速发展。

这一时期，中国共产党领导中国人民在一穷二白中艰难建业，锤炼了无私奉献、苦干实干、守业开拓的伟大精神。虽然其后出现了"大跃进"和"文化大革命"，党的斗争方向在一定时期内有了偏移，但总体上仍然取得了重大历史性成就，充分展现了中国共产党人知重负重、攻坚克难的斗争精神。事实也证明，尽管社会主义建设在中国是一项前无古人的伟大事业，但正是因为有了中国共产党人，社会主义建设的"兴国"事业才取得了巨大成就，我国社会主义建设事业才迈出了坚实步伐。这是我们党在斗争中开创的第二个伟大事业。

---

①《建国以来重要文献选编》第九册，中央文献出版社 1994 年版，第 293 页。

三、　中国共产党在敢于斗争中翻天覆地——完成富国大业

1978 年，党的十一届三中全会召开，重新确立了"解放思想、实事求是"的思想路线，将全党工作重点转移至"以经济建设为中心的社会主义现代化建设上来"，拉开了改革开放的序幕。这一时期，我国社会主要矛盾转变为"人民日益增长的物质文化需要同落后的社会生产之间的矛盾"①，所以我们党在这一阶段的斗争目标主要是纠正阻碍社会发展进步的各种错误思想、改变落后的社会生产力以推动社会主义现代化建设。面对新的斗争课题，以邓小平、江泽民、胡锦涛同志为主要代表的中国共产党人始终以"大胆地试，大胆地闯"②的大无畏精神和"勇于探索、勇于创新"③的改革精神，大胆试验、大胆开拓，在不断探索中发展中国特色社会主义，力争成大业、铸伟业。经过长期艰难的努力，我们党最终领导中国人民成功开辟了中国特色社会主义道路，建立了社会主义市场经济体制，我国诸多领域重回发展的健康轨道，取得了众多重大建设成就，而且成功应对 1998 年特大洪水、2003 年非典疫情、2008 年亚洲金融危机等一系列风险考验。中国特色社会主义事业的开创激活了生产力要素，提升了社会活力和创造力，改变了中国贫穷落后的面貌，中华民族实现了从站起来到富起来的伟大梦想。

1978 年，安徽省遭遇严重旱灾，粮食种植出现困难。于是，安徽

---

① 中共中央文献研究室：《三中全会以来重要文献选编》下，中央文献出版社 2011 年版，第 168 页。
②《邓小平文选》第 3 卷，人民出版社 1993 年版，第 372 页。
③《邓小平文选》第 2 卷，人民出版社 1994 年版，第 143 页。

省委立即决定将部分土地借给农民耕种，不征购，不计口粮。在这一措施的激励下，群众的生产积极性空前高涨，最终当年全省超额完成了预定秋种计划。安徽省一些基层干部和农民从中受到启发，冲破旧体制的束缚，实行了包干到组、包干到户。安徽省凤阳县小岗村的18户农民以敢为天下先的勇气在一张分田到户的"秘密契约"上按下了鲜红的手印，立下了"生死状"，表明自己改革的决心，开创了家庭联产承包责任制的先河，揭开了农村经济改革的序幕。这一举措成效显著，受到广大农民的欢迎，四川、甘肃、云南、广东等省份也纷纷效仿。率先实施家庭联产承包责任制的小岗村，在热火朝天的改革中闯出了一片天地，并铸就了"改革创新、敢闯敢干、勇为天下先"的小岗精神。在党的领导和支持下，家庭联产承包责任制在全国范围内推广，并带动了经济、政治、社会等领域的一系列改革。这些改革之所以能获得成功，与我们党敢于开拓、勇于创新的斗争精神是分不开的。

1992年，邓小平同志在谈到深圳的成功经验时曾特别强调："没有一点闯的精神，没有一点'冒'的精神，没有一股气呀、劲呀，就走不出一条好路，走不出一条新路，就干不出新的事业。"[1] 改革开放的实行极大地激发了广大人民群众的积极性和创造性。中国共产党结合改革开放和社会主义现代化建设新时期的时代特点，继续弘扬伟大斗争精神，领导人民锐意进取、大胆探索，解放和发展社会生产力，增强社会发展活力，不断有所发现、有所创造、有所前进，不仅打破了人民公社体制的束缚，实行了家庭联产承包责任制，还建立和开放

---

① 中共中央文献研究室：《邓小平关于建设有中国特色社会主义的论述专题摘编》，中央文献出版社1992年版，第102页。

了经济特区、沿海港口、沿海经济开发区，把中国特色社会主义伟大事业引向深入。1984 年，党的十二届三中全会启动了以增强企业活力为中心环节、以城市为重点的经济体制改革，经济前所未有地活跃起来。1992 年 10 月，党的十四大明确指出经济体制改革的目标是建立社会主义市场经济体制，这促进了我国经济持续保持快速增长。进入 21 世纪，中国共产党不断推进改革开放和社会主义现代化建设事业，完善社会主义市场经济体制，经受住了各种风险考验。到 2012 年，中国经济总量快速攀升至世界第二位，成为 18 世纪工业革命以来继英国、美国、日本、德国之后的"世界工厂"，并于 2010 年跨入中等偏上收入国家的行列，人民生活显著改善，综合国力显著增强，国际地位显著提高，我们党领导的富国事业取得了举世瞩目的辉煌成就。

由此可见，改革开放后，中国共产党人以"功成不必在我"的精神境界和"功成必定有我"的历史担当，在开创、坚持、捍卫和发展中国特色社会主义的历史进程中进行了长期而坚决的斗争，不断攻克了改革开放中一个又一个新的矛盾和问题，持续推动着我国经济快速稳定发展，最终取得了令世界瞩目的巨大成就，完成了富国大业。应当说，在这一新时期，敢于斗争始终是我们党不断赢得胜利的重要法宝。改革开放史充分展现了中国共产党人勇于拼搏、开拓创新的伟大斗争精神。

四、 中国共产党在敢于斗争中惊天动地——开创强国大业

党的十八大以来，面对日益复杂的国内外环境，以习近平同志为核心的党中央团结带领全国各族人民在新的历史条件下进行了坚持不

懈的伟大斗争，不断推进强国大业，推动党和国家事业取得历史性成就、发生历史性变革，如期实现了第一个百年奋斗目标，并开启了向建设社会主义现代化强国、使中国强起来的第二个百年奋斗目标进军的新征程。

众所周知，进入新时代，我国面临的斗争环境、斗争形势和斗争任务发生了深刻而复杂的变化，我国社会主要矛盾转变为"人民日益增长的美好生活需要和不平衡不充分的发展之间的矛盾"①，党和国家面临着实现中华民族伟大复兴的战略全局和世界百年未有之大变局，新时代历史方位、世情国情党情需要中国共产党战胜更为严峻的风险挑战、完成更为艰巨的目标任务。在此境遇下，中国共产党在习近平新时代中国特色社会主义思想的指引下，紧密结合时代新特点，立足中国新的实际，始终将临危不惧、敢于担当、敢战敢胜的斗争精神贯穿于新时代的伟大斗争中，为解决新的主要矛盾、克服新的困难挑战、满足人民日益增长的美好生活需要、开辟"中华民族从此强起来"的新天地而顽强奋斗，不但战胜了一系列重大风险挑战，而且在经济、政治、文化、社会、民生、生态文明等领域成绩斐然。

2012年11月，习近平总书记在参观《复兴之路》展览时提出为中华民族伟大复兴而奋斗。为此，我们党以不屈的斗争精神和冲天的干劲大力推进"四个全面"战略进程，在党的十八届三中、四中、五中、六中全会上聚焦全面深化改革、全面依法治国、全面建成小康社会、全面从严治党"四个全面"进行专题研究并作出了战略部署。

①习近平：《决胜全面建成小康社会 夺取新时代中国特色社会主义伟大胜利》，人民出版社2017年版，第11页。

2020 年，全面建成小康社会目标如期实现，"四个全面"战略布局发展为"全面建设社会主义现代化国家、全面深化改革、全面依法治国、全面从严治党"，我们党继续以敢拼敢闯的无私奉献精神克服重重困难，啃下了许多难啃的"硬骨头"，跨过了许多难跨的险滩，全面推进了中国特色社会主义伟大事业的进程。经过多年持续奋斗，2021 年我国已经成为世界第二大经济体、第一大工业国、第一大货物贸易国和第一大外汇储备国，且经济总量超过 100 万亿元，人均国内生产总值超过 1.2 万美元，城镇化率超过 60%，中等收入群体超过 4 亿人，并且还取得了脱贫攻坚、反腐败斗争、抗击疫情等一系列新的成绩，在经济实力、科技实力、综合国力和人民生活水平等各领域都跃上了新的大台阶，"为实现中华民族伟大复兴提供了更为完善的制度保证、更为坚实的物质基础、更为主动的精神力量"[1]。"中国共产党和中国人民以英勇顽强的奋斗向世界庄严宣告，中华民族迎来了从站起来、富起来到强起来的伟大飞跃，实现中华民族伟大复兴进入了不可逆转的历史进程"[2]，正在书写几千年历史上最恢宏的史诗。

　　2020 年，面对暴发的疫情，中国共产党人发扬"越是艰险越向前"的斗争精神，始终坚持人民至上、生命至上，领导全国各族人民上下一心、风雨同舟、共克时艰，开展了一场抗击疫情的"人民战争、总体战、阻击战"[3]，并在很短时间内就取得了重大战略成果。在这场没有硝烟的抗疫斗争中，中国共产党以必胜信心和坚定决心展现

---

① 《中共中央关于党的百年奋斗重大成就和历史经验的决议》，《人民日报》2021 年 11 月 11 日。
② 习近平：《在庆祝中国共产党成立 100 周年大会上的讲话》，《人民日报》2021 年 7 月 2 日。
③ 本书编写组：《中国共产党简史》，人民出版社、中共党史出版社 2021 年版，第 509 页。

了敢于挺身而出、逆行而上、身先士卒的高贵品质和伟大精神。习近平总书记在全国抗击新冠肺炎疫情表彰大会上深刻阐述了"生命至上、举国同心、舍生忘死、尊重科学、命运与共"的伟大抗疫精神①，诠释了新时代党的斗争精神新的时代内涵。

2021 年 2 月 25 日，中国共产党向全世界宣告在中国大地上整体消除了绝对贫困，全面建成了小康社会。"一部中国史，就是一部中华民族同贫困作斗争的历史。"② 早在 2012 年，党中央就强调："小康不小康，关键看老乡，关键看贫困老乡能不能脱贫。"③ 2017 年，党的十九大将精准脱贫作为三大攻坚战之一作出全面部署，并向全党全国人民发出了坚决打赢脱贫攻坚战的动员令。在党中央的坚强领导下，全党全国人民与贫困现象作坚决斗争，经过多年持续奋斗，举全党全国之力面进行的脱贫攻坚战终于取得了决定性胜利，农村贫困人口全部脱贫，成为全面建成小康社会的标志性成果，并在此基础上开启了全面建设社会主义现代化国家的新征程。

事实胜于雄辩。党的十八大以来，站在新时代的新起点，面对具有许多新的历史特点的伟大斗争，中国共产党带领全国人民勇毅笃行、奋斗进取，在新的斗争实践中开辟出了新时代的新天地，既展现了我们党顽强的斗争精神和卓越的斗争本领，也为实现"两个一百年"奋斗目标奠定了坚实基础、提供了精神动力，更彰显了我们党领导中国"强起来"的信心和决心。展望未来，风险挑战不会减少，斗

---

① 习近平：《在全国抗击新冠肺炎疫情表彰大会上的讲话》，《人民日报》2020 年 9 月 9 日。
② 习近平：《在全国脱贫攻坚总结表彰大会上的讲话》，人民出版社 2021 年版，第 2 页。
③ 中共中央文献研究室：《习近平关于全面建成小康社会论述摘编》，中央文献出版社 2016 年版，第 154 页。

争不能停止。习近平总书记早就指出："中国特色社会主义伟大事业，时刻面对各种风险考验和重大挑战。"① 对此，我们党必须知难而进、坚韧向前，夺取中国特色社会主义事业新的更大胜利，在新时代推进并力争在 21 世纪中叶实现强国大业。我们应充分认识到，"放弃进行伟大斗争，党的事业将一事无成"②。中国特色社会主义伟大事业所取得的每一项成就都是中国共产党和亿万中国人民经过许多浴血斗争、历经长期努力奋斗而得来的。

回望过往奋斗历程，从革命年代、建设时期到改革时代再到今天，中国共产党始终以无所畏惧、不屈不挠的斗争精神攻坚克难、勇往直前、开天辟地。敢于斗争、善于斗争是中国共产党人在不断开辟新天地的斗争实践中淬炼出的伟大政治品格，已经成为我们党的鲜明精神标识和宝贵精神财富。在百年建功立业的努力中，中国共产党始终敢于在困境中突破重围、在逆境中毅然奋起、在伟大斗争实践中创造千秋伟业。习近平总书记在党的二十大报告中指出："党用伟大奋斗创造了百年伟业，也一定能用新的伟大奋斗创造新的伟业。"③ 伟大事业需要几代人、十几代人、几十代人持续奋斗，我们党应永远秉承斗争精神，永葆初心、勇担使命，乘风破浪、扬帆远航，在英勇顽强的奋斗中不断创造新的历史伟业。

---

① 《习近平谈治国理政》第 2 卷，外文出版社 2017 年版，第 381 页。

② 齐卫平：《"坚持敢于斗争"的重大现实意义》，《新华日报》2021 年 12 月 28 日。

③ 习近平：《高举中国特色社会主义伟大旗帜 为全面建设社会主义现代化国家而团结奋斗——在中国共产党第二十次全国代表大会上的报告》，人民出版社 2022 年版，第 71 页。

第二节　中国共产党在敢于斗争中开拓新路

习近平同志曾强调，"道路问题是关系党的事业兴衰成败第一位的问题，道路就是党的生命"①，"无论搞革命、搞建设、搞改革，道路问题都是最根本的问题"②。回顾党领导的革命、建设和改革征途，从根本上讲就是我们党不断发扬中国共产党人的斗争精神寻找、开拓、形成并坚持走符合中国实际的正确道路的艰难探索过程。在这一过程中，无论敌人多么强大、挑战多么严峻、道路探索多么艰辛，我们党总是毫不畏惧、决不退缩、浴血奋战、百折不挠，始终坚持从我国国情出发，坚定斗争意志，把握斗争特点，在坚持不懈的斗争中探索出了正确的革命道路、社会主义建设道路、中国特色社会主义道路，成功开辟了实现民族复兴的康庄大道。

一、 中国共产党在敢于斗争中开拓革命道路

中国共产党自成立后就肩负起领导中国革命、探索民族复兴之路的伟大使命，但幼年时期的党因无法正确认识中国国情未能探索出适合中国特点的革命道路。1927 年大革命失败后，以毛泽东同志为代表

---

① 习近平：《在发展中国特色社会主义实践中不断发现、创造、前进》，《人民日报》2013 年 1 月 6 日。
② 习近平：《在对历史的深入思考中更好走向未来 交出发展中国特色社会主义合格答卷》，《人民日报》2013 年 6 月 27 日。

的中国共产党人及时汲取经验教训，深刻研究中国革命的特点和规律，坚持从我国基本国情出发，将马克思主义普遍真理与中国革命实际相结合，敢于探索、勇闯新路，在土地革命战争时期起始就着手进行武装起义，还建立了正规的革命军队——红军，广泛开展武装斗争，创造性地开辟了一条"农村包围城市，武装夺取政权"①的具有中国特色的革命道路。

1927年8月7日，毛泽东在八七会议上通过总结大革命失败教训提出了"政权是由枪杆子中取得的"②的著名论断。然而，当时我们党虽已经认识到武装夺取政权的极端重要性，但由于对中国革命的性质、规律等问题缺乏充分认知和深刻把握，选择了照搬俄国十月革命先在中心城市发动革命的经验，因而武装斗争的方向主要集中在大城市，走的是以城市为中心的道路，而非广大农村。在"城市中心论"的影响下，中国共产党领导的南昌起义、秋收起义、广州起义等大小百余次起义均以失败告终，这从实践上证明了以攻打和占领城市为中心的革命道路并不适合中国国情。

在此情况下，毛泽东高瞻远瞩，看到了在半殖民地半封建的中国，"共产党的任务，基本地不是经过长期合法斗争以进入起义和战争，也不是先占城市后取乡村，而是走相反的道路"③，于是带领我们党开始深入农村，发动群众，帮助地方恢复、整顿和建立党组织，经过艰苦卓绝的土地革命斗争，最终在井冈山创建了中国第一个农村革命根据地——井冈山革命根据地，开辟了工农武装割据的正确革命道

---

①　中央文献研究室《中国道路》课题组：《中国道路——马克思主义中国化经典文献回眸》，中央文献出版社2011年版，第55页。

②　中共中央文献研究室：《毛泽东著作专题摘编》上，中央文献出版社2003年版，第606页。

③《毛泽东选集》第2卷，人民出版社1991年版，第542页。

路，点燃了革命的星星之火。这一道路将党的工作重点由城市转移到农村，突破了俄国十月革命城市中心道路的模式，使土地革命得以深入开展。可以说，中国共产党人在敢于斗争中"开辟了无产阶级领导资产阶级民主革命的中国特色的新民主主义革命道路，它决定了中国革命的社会主义前途"①，并在此过程中铸就了"坚定信念、艰苦奋斗，实事求是、敢闯新路，依靠群众、勇于胜利"的具有强大生命力的井冈山精神②。

总之，经由北伐战争、土地革命战争、抗日战争和解放战争的顽强斗争，中国共产党带领人民找到了实现民族独立和人民解放的正确道路。这条"中国革命道路的开辟和胜利，解决了在一个半殖民地半封建的东方大国里，如何取得无产阶级领导的民主革命的彻底胜利，并逐步向社会主义过渡的历史性课题"③，深刻彰显了中国共产党人不怕牺牲、不畏困难、浴血奋战、无私奉献的伟大斗争精神。

二、　中国共产党在敢于斗争中开拓社会主义建设道路

新中国的成立宣告了近代以来中国面临的争取民族独立、人民解放历史任务的基本完成，标志着实现国家富强、人民富裕历史任务的开始，也表明我国道路探索的历史方位由新民主主义革命阶段转为社会主义革命和建设阶段。这一陌生而艰巨的历史课题，要求我们党回答在中国这样经济文化落后的东方大国如何建设社会主义。自此，中

---

① 郑德荣等：《中国特色社会主义道路基本问题研究》，人民出版社 2012 年版，第 17 页。

② 习近平：《论中国共产党历史》，中央文献出版社 2021 年版，第 112 页。

③ 李捷：《"一面旗帜、一条道路、一个理论体系"是党和国家发展的根本》，《中国社会科学》2008 年第 6 期。

国共产党便以强烈的斗争精神开始领导全国各族人民探索社会主义建设道路。但由于马克思主义书本上并没有关于中国这样的条件如何建设社会主义的现成答案，其他国家如苏联的社会主义模式也不适合中国国情，加之我们党对于如何建设社会主义也缺乏经验，所以党在探索中国社会主义建设道路历程中经历了艰难曲折。对此，中国共产党人深刻把握了"斗争，失败，再斗争，再失败，再斗争"的"马克思主义的又一条定律"和"人民的逻辑"，充分发扬党的斗争精神，坚持不懈艰苦创业，最终成功探索出了适合中国特点的社会主义革命道路和社会主义建设道路。[①]

新中国成立后不久，为推动生产资料公有制成为国家经济基础，解放生产力，不断推动生产力的发展，毛泽东提出了党在过渡时期要逐步实现社会主义工业化和社会主义改造的总路线和总任务。在这一历史时期，第一个五年计划开始实施，独立完整的工业体系逐步构建，"社会主义改造采取和平、循序渐进的方式，走自己的路的各领域探索不断展开"[②]。中国共产党以充沛的斗争精神和坚强的斗争意志领导中国人民创造性地开辟了一条适合中国特点的中国特色革命道路，即社会主义改造道路。在这条道路上，我们党始终敢于斗争、自力更生、顽强拼搏，最终领导中国人民于 1956 年完成了社会主义改造，进一步明确了走自己的路的正确方向，并开启了社会主义建设道路的探索之旅。

1957 年，毛泽东强调："马克思主义必须在斗争中才能发展，不但过去是这样，现在是这样，将来也必然还是这样。正确的东西总是

---

①《毛泽东选集》第 4 卷，人民出版社 1991 年版，第 1487 页。

② 项久雨：《"走自己的路"的理论深蕴》，《江苏社会科学》2021 年第 6 期。

在同错误的东西作斗争的过程中发展起来的。"① 因此，社会主义改造基本完成后，我们党将敢于斗争、敢于拼搏的精神接续投入到探索社会主义建设道路上来。当时，鉴于苏联模式在道路探索中暴露出来的问题，党对如何探索社会主义建设道路有了更清醒的认识，尽管在这一探索过程中也遭遇了曲折困难，但总体而言仍取得了重要成就。从根本上说，这既是我们党领导中国人民历经千辛万苦、克服种种艰难的斗争结果，又充分展现了我们党勇于挑战、迎难而上、坚韧不拔的斗争品质。

所以，在社会主义革命和建设时期，面对"'进行什么样的社会主义革命''怎样进行社会主义革命''怎样全面建设社会主义''怎样巩固和发展社会主义'等重大矛盾挑战"②，中国共产党从不畏惧、从未逃避，敢于担当、勇于革新、越挫越勇，一路闯关夺隘、乘风破浪，最终成功探索出有中国自己特点、符合中国具体实际的社会主义建设道路，为开辟中国特色社会主义道路这一实现中华民族伟大复兴的正确之路积累了历史经验、奠定了坚实基础。

三、 中国共产党在敢于斗争中开拓中国特色社会主义道路

党的十一届三中全会开启了我国改革开放新时期，中国社会主义道路进入拐点，建设具有中国特色的社会主义新道路正式开始。改革开放之初，邓小平指出："革命是要搞阶级斗争，但革命不只是搞阶

---

① 中共中央文献研究室：《毛泽东文集》第 7 卷，人民出版社 1999 年版，第 230 页。
② 刘舒皓、靳玉军：《新时代斗争精神的生成逻辑、科学内涵与实践路径》，《理论导刊》2020 年第 2 期。

级斗争。生产力方面的革命也是革命，而且是很重要的革命，从历史的发展来讲是最根本的革命。"① 改革开放后，中国共产党正是以这种"改革是第二次革命"的斗争精神团结带领全国人民成功开辟了中国特色社会主义这条新道路，实现了中华民族从站起来到富起来的伟大飞跃。

1978 年，安徽小岗村率先拉开了中国农村家庭联产承包责任制的序幕。其后，我们党将改革重点放在农村，进行农村经济体制改革，在农村实行以家庭联产承包为主要形式的责任制，极大解放了农村生产力。同年，邓小平认为我国现代化的生产力既可以通过自主创新达到，也可以通过借鉴和利用外国先进技术、管理方式达到，因而强调"要引进国际上的先进技术、先进装备，作为我们发展的起点"②，并指出"利用外资是一个很大的政策，我认为应该坚持"③。邓小平这种在对外开放中建设社会主义的思路首先就体现在创办四个经济特区上。1979 年，中央决定在深圳、珠海、汕头、厦门试办出口特区，并于 1980 年将这四个"出口特区"改名为"经济特区"。从实践上看，实行家庭联产承包责任制和创办经济特区就是邓小平领导我们探索、开辟中国特色社会主义道路的起点。

1982 年，邓小平在党的十二大开幕词中明确指出："我们的现代化建设，必须从中国的实际出发。……把马克思主义的普遍真理同我国的具体实际结合起来，走自己的道路，建设有中国特色的社会主义，这就是我们总结长期历史经验得出的基本结论。"④ 依循这一经验，中国共产党在没有任何可直接借鉴的社会主义建设模式的情况

①《邓小平文选》第 2 卷，人民出版社 1994 年版，第 311 页。
②《邓小平文选》第 2 卷，人民出版社 1994 年版，第 133 页。
③《邓小平文选》第 2 卷，人民出版社 1994 年版，第 198 页。
④《邓小平文选》第 3 卷，人民出版社 1993 年版，第 2—3 页。

下，依靠"摸着石头过河"的探索精神和"逢山开路、遇水搭桥"的斗争勇气独立自主地探索我国社会主义道路，成功开创了中国特色社会主义事业。从本质上而言，"中国特色社会主义道路，就是以中国特色社会主义伟大旗帜指引的方向胜利前进的道路"①，"是中国共产党领导中国人民奋勇前进的社会主义发展之路和民族复兴之路"②。

进入新世纪，江泽民强调："只有在中国共产党领导下，坚持走建设有中国特色社会主义道路，才能发展中国，才能实现中华民族的伟大复兴。"③ 胡锦涛也指出："党领导人民经过艰辛探索走出的建设有中国特色社会主义道路，符合社会主义初级阶段实际，是实现国家繁荣富强和人民共同富裕的唯一正确道路。"④ 改革开放以来，中国共产党在敢于斗争、善于斗争中坚持和拓宽中国特色社会主义道路，在20世纪80年代末90年代初世界社会主义出现严重曲折、国内各种突发事件和自然灾害交替发生的严峻考验面前捍卫了中国特色社会主义，彰显了不畏艰难、不惧挑战的斗争魄力。

改革开放的斗争实践历程证明，中国特色社会主义道路是我们党经过长期探索、反复接受实践检验的正确道路，它的开辟彰显了我们党坚持走与别人不同道路的历史决心，也见证了我们党坚韧不拔的斗争精神和坚强不屈的斗争意志。

---

① 李君如：《中国特色社会主义道路研究》，人民出版社 2012 年版，第 2—3 页。
② 李君如：《中国特色社会主义道路研究》，人民出版社 2012 年版，第 86 页。
③《江泽民文选》第 3 卷，人民出版社 2006 年版，第 134 页。
④《胡锦涛文选》第 1 卷，人民出版社 2016 年版，第 353—354 页。

四、 中国共产党在敢于斗争中坚持和发展中国特色社会主义道路

中国特色社会主义进入新时代，意味着"中国特色社会主义进入了一个全新的发展阶段"①，"科学社会主义在 21 世纪的中国焕发出强大生机活力，在世界上高高举起了中国特色社会主义伟大旗帜"②。站在新的历史方位，我们党对中国特色社会主义有了更为深入的认识和理解，并在敢于和善于斗争中始终坚持和发展中国特色社会主义，沿着中国特色社会主义道路奋勇前进，持续推动党和人民各项事业的全面进步。所以，新时代是大有可为、大有作为的时代，也是我们党发扬党的斗争精神坚持不懈推动中国特色社会主义不断发展成熟的时代。

2012 年 11 月，党的十八大召开，大会贯穿始终的主线就是坚持和发展中国特色社会主义。大会强调："中国特色社会主义道路……是党和人民九十多年奋斗、创造、积累的根本成就，必须倍加珍惜、始终坚持、不断发展。"③ 党的十八大以来，面对新时代出现的各种新问题和新挑战，以习近平同志为核心的党中央带领全国各族人民勇于担当、积极应对，开启了新的波澜壮阔的伟大斗争实践，并在总结中国特色社会主义实践经验的基础上，结合新的时代条件和实践要求，从理论与实践两方面系统回答了新时代坚持和发展什么样的中国特色社会主义、怎样坚持和发展中国特色社会主义的重大问题，创立了习近平新时代中国特色社会主义思想，成为我们党奋发向上、顽强拼

---

① 肖贵清：《道路·理论·制度·文化：中国特色社会主义论》，人民出版社 2018 年版，第 224 页。

② 习近平：《决胜全面建成小康社会 夺取新时代中国特色社会主义伟大胜利》，人民出版社 2017 年版，第 10 页。

③《中国共产党第十八次全国代表大会文件汇编》，人民出版社 2012 年版，第 11 页。

搏，在伟大斗争中坚定不移走中国特色社会主义道路的思想基础和行动指南。习近平总书记从坚持和发展中国特色社会主义道路的战略高度指出，"中国共产党和中国人民以英勇顽强的奋斗向世界庄严宣告……中国特色社会主义道路是指引中国发展繁荣的正确道路"，"只要我们既不走封闭僵化的老路，也不走改旗易帜的邪路，坚定不移走中国特色社会主义道路，就一定能够把我国建设成为富强民主文明和谐美丽的社会主义现代化强国"。①

"坚持和发展中国特色社会主义是一项长期、艰巨的历史任务。"② 为走好自己的中国特色社会主义道路，中国共产党以巨大的政治勇气和强烈的责任担当坚持斗争、披荆斩棘、艰苦奋斗，不但提出了新发展理念、新发展格局、高质量发展、人类文明新形态、人类命运共同体等重大理论和理念，而且与一切否定和反对中国特色社会主义的言论和行为以及各种困难和挑战作斗争，扫除了推进中国特色社会主义发展道路上的一个个绊脚石。应当说，我们党在中国特色社会主义这一宏大战略中的自信、定力和成就，就是在理论斗争和实践斗争中淬炼的结果。

事非经过不知难。中国特色社会主义道路建立在我们党百年长期奋斗的基础之上，凝结着几代中国共产党人的智慧、心血、奋斗和牺牲，吸取了我国社会主义建设正反两方面的经验教训，战胜了国内外各种困难和风险，是展现我们党敢拼敢闯、勇于向前斗争精神的光辉篇章。

---

① 《中共中央关于党的百年奋斗重大成就和历史经验的决议》，《人民日报》2021 年 11 月 17 日。
② 人民日报社理论部：《深入学习习近平同志重要论述》，人民出版社 2013 年版，第 196 页。

第三节　中国共产党在敢于斗争中强党兴党

治国必先治党，治党务必从严。"我们党作为世界上最大的马克思主义执政党，要始终赢得人民拥护、巩固长期执政地位，必须时刻保持解决大党独有难题的清醒和坚定"①。回顾中国共产党的发展奋斗历史，可以发现，我们党历经百年沧桑依然风华正茂的奥秘就在于不仅推进伟大社会革命，还推进伟大自我革命，始终以强烈的政治勇气和政治担当，"同一切影响党的先进性、弱化党的纯洁性的问题作坚决斗争"②，坚持做到"自我净化、自我完善、自我革新、自我提高"③，将自身建设得更加坚强有力。在这一进程中，中国共产党在推进党的建设伟大工程的进程中也遭遇了如"四大考验""四种危险"等诸多阻滞因素，但我们党敢于"刀口向内""刮骨疗毒"，善于审视自己、惩治腐败，在建党、立党、兴党、强党的斗争实践中不断加强党的建设，为党的各项事业取得一个又一个胜利提供了根本保证。党的成长史已然表明，中国共产党在斗争中应运而生、顺势而为、因时而兴，也在斗争中由小变大、由弱变强，不断发展壮大。

---

① 习近平：《高举中国特色社会主义伟大旗帜　为全面建设社会主义现代化国家而团结奋斗——在中国共产党第二十次全国代表大会上的报告》，人民出版社 2022 年版，第 63 页。
② 中共中央党史和文献研究院、中央"不忘初心、牢记使命"主题教育领导小组办公室：《习近平关于"不忘初心、牢记使命"论述摘编》，党建读物出版社、中央文献出版社 2019 年版，第 147 页。
③《习近平谈治国理政》第 3 卷，外文出版社 2020 年版，第 21 页。

一、 中国共产党在敢于斗争中立党

1921 年 7 月，党的一大在上海召开，会上通过的《中国共产党第一个纲领》确立了党的名称、纲领、根本政治目的、党员条件、组织纪律、党内监督、中心任务等条文和内容。1922 年 7 月，党的二大分析了国内外形势和我国社会性质，坚持了党的最终奋斗目标，确定了党现阶段反帝反封建的民主革命纲领，提出了统一战线思想主张，完善了党的中央领导机构。党的二大制定的党的第一部章程中还详细规定了党员条件、入党手续、党组织系统与结构等，这标志着我们党从此有了立党、管党、治党的根本大法。一大立党，二大立纲，党的一大和二大的召开意味着我们党在政治、理论和组织上的完备。

中国共产党成立后，在探索救国救民的出路中凭借着不怕牺牲、英勇斗争的伟大精神，在攻坚克难中战胜了各种风险挑战，取得了各种斗争胜利。1922 年 7 月，党的二大还指出，中国共产党"应当是无产阶级中最有革命精神的大群众组织起来为无产阶级之利益而奋斗的政党，为无产阶级做革命运动之急先锋"[1]。这些充满苦难的斗争实践使党更加坚定了为中国人民谋幸福、为中华民族谋复兴的初心使命，也锻炼了中国共产党人无私无畏的勇气和坚韧不拔的意志。

与此同时，面对在这一过程中出现的各种阻碍党的建设步伐的错误行为、不正之风和腐败现象，我们党也以猛药去疴的决心和壮士断腕的信心，敢于坚持真理，及时纠正自己，从挫折中奋起，锻造了勇

---

① 中共中央文献研究室、中央档案馆：《建党以来重要文献选编（1921—1949）》第 1 册，中央文献出版社 2011 年版，第 162 页。

于自我革命的胆识和魄力。早在 1926 年 8 月，中共中央就针对反腐
败问题向全党发出了通告："在这革命潮流仍在高涨的时候，许多投
机腐败的坏分子，均会跑到革命的队伍中来……应该很坚决的洗清这
些不良分子，和这些不良倾向奋斗，才能坚固我们的营垒，才能树立
党在群众中的威望。"① 1927 年 8 月 7 日，为纠正党在大革命后期的
错误并总结经验教训，中共中央在湖北汉口秘密召开紧急会议（八七
会议）。会议确立了自我纠偏的党内传统，确立了土地革命和武装反
抗国民党反动派的总方针，给思想混乱和组织涣散的中国共产党指明
了新出路。会议还强调："工人阶级的革命党，要纠正自己的错误，
只有公开的批评这些错误，而且要使全党党员都参加这种批评。无产
阶级的政党不怕公开的承认自己错误。"② 土地革命战争时期，由于
"左"倾冒险主义的错误领导，中央红军第五次反"围剿"失败，中
国革命形势再次跌入低谷。对此，1935 年 1 月，党中央充分发扬批评
与自我批评的优良作风，敢于向自己"动刀子"，于长征期间在贵州
遵义召开政治局扩大会议，纠正了当时错误的军事和组织路线，形成
了正确的革命路线。会议决议还指出："党勇敢地揭发了这种错误，
从错误中教育了自己，学习了如何更好地领导革命战争到彻底的胜
利。党揭发了这种错误之后不是削弱而是加强了。"③ 抗日战争时期，
为彻底克服党内先后出现的右倾和"左"倾机会主义错误，纠正党内
非无产阶级思想，提高全党马列主义水平，中国共产党秉持敢于直面

---

① 中共中央文献研究室、中央档案馆：《建党以来重要文献选编（1921—1949）》第 3 册，中央文献出
版社 2011 年版，第 348 页。

② 中共中央文献研究室、中央档案馆：《建党以来重要文献选编（1921—1949）》第 4 册，中央文献出
版社 2011 年版，第 410 页。

③ 中共中央党史资料征集委员会、中央档案馆：《遵义会议文献》，人民出版社 1985 年版，第 25 页。

问题、为自己祛病疗伤的勇气和品质，与党内错误倾向展开不懈斗争。毛泽东于 1941 年 5 月和 1942 年 2 月分别作了《改造我们的学习》《整顿党的作风》和《反对党八股》的报告，号召全党"反对主观主义以整顿学风，反对宗派主义以整顿党风，反对党八股以整顿文风"①。1942 年 6 月，历时三年的整风运动在全党范围内开展。延安整风使全党对毛泽东思想的认识达到了一个新的高度，从此以毛泽东同志为核心的第一代领导集体稳固地确立起来了。

此外，在党组织和党员队伍方面，中国共产党党员数量不断增加，规模不断扩大。建党之初，全国仅有 58 名党员，随后经由北伐战争的胜利推进而迅速发展，在 1927 年党的五大召开时跃升至近 58000 名，相比建党时增加了约 1000 倍。抗日战争时期，我们党将党的建设作为中国革命的三大法宝之一，不断从思想上、政治上、组织上巩固和发展党，党员人数增长至 120 多万名。解放战争后，党的自身建设得到进一步加强，党组织也获得了极大发展，新中国成立前夕，党员数量已经增长至 448.8 万名。② 这表明中国共产党党组织和党员队伍也不断在革命实践中逐渐发展壮大并扎实稳固起来。

立党才能兴党强党，立党才能立民族、开新局。新民主主义革命时期，中国共产党以昂扬、饱满的革命斗志夺取政权、加强党的建设，不仅成立了党组织，完成了"建设一个全国范围的、广大群众性的、思想上政治上组织上完全巩固的布尔什维克化的中国共产党"③的建党任务，还确立了党的执政地位以及党在人民心中和国家政治生

---

① 《毛泽东选集》第 3 卷，人民出版社 1991 年版，第 812 页。
② 王一彪：《建党百年回顾百年党建》，《人民论坛》2021 年第 16 期。
③ 《毛泽东选集》第 2 卷，人民出版社 1991 年版，第 602 页。

活中的领导地位，中国共产党真正立起来了。

二、 中国共产党在敢于斗争中兴党

早在中国革命即将在全国取得胜利之际，毛泽东就以强烈的忧患意识预见到党内同志可能出现的骄傲自满、不思进取、贪图享乐等思想情绪，认识到这些思想情绪必然会影响党的先进性、纯洁性的保持，破坏党在人民心中的美好形象，甚至还会削弱党的生命力、吸引力和凝聚力。于是他强调："务必使同志们继续地保持谦虚、谨慎、不骄、不躁的作风，务必使同志们继续地保持艰苦奋斗的作风。"① 新中国成立后，中国共产党为推动党的兴旺发达，坚持自我革命，不断刮骨疗伤、强筋壮骨，"自我革命体现为'刀刃向内'的革旧除弊勇气，体现为正视和解决问题的高度自觉，本身就体现了一种斗争精神"②。自新中国成立以来，我们党一如既往地弘扬自我革命的斗争精神，加强党的自身建设，确保党始终保持马克思主义政党的先进性和战斗力，成为中国革命事业的坚强领导核心。

1950 年 4 月，鉴于各地发生的一些触目惊心的贪腐案件，毛泽东强调："各阶层人民相当普遍地不满意我们许多干部的强迫命令主义的恶劣作风……如不及时加以整顿，即将脱离群众。"③ 5 月 1 日，"中共中央发出《关于在全党全军开展整风运动的指示》，要求……克服党内、首先是领导干部中的居功自傲情绪，命令主义作风，以及

---

① 《毛泽东选集》第 4 卷，人民出版社 1991 年版，第 1438—1439 页。
② 田旭明：《深刻理解共产党人"必须发扬斗争精神"的丰富内涵》，《理论探索》2020 年第 5 期。
③ 《毛泽东文集》第 6 卷，人民出版社 1999 年版，第 56 页。

少数人贪污腐化、政治上堕落颓废、违法乱纪等错误。……同年冬，整风运动基本结束"①。1951 年 2 月，中共中央发布《中共中央政治局扩大会议决议要点》，第六条为"整党及建党"②，决定对党的基层组织进行有计划、有准备、有领导的普遍整顿。从 1950 年至 1954 年，党中央通过全党开展的整风整党运动和"三反"运动在一定程度上克服了领导干部和一般党员的官僚主义、命令主义作风，改善了党群关系。1957 年 4 月，中共中央发出《关于整风运动的指示》，在全党开展了普遍深入的反对官僚主义、宗派主义和主观主义的整风运动，进一步加强了党的建设。

改革开放之后，中共十二届二中全会通过了《中共中央关于整党的决定》，其目标在于解决党内存在的思想混乱、个人主义、组织观念淡薄、党组织软弱涣散等问题。邓小平还着重强调"整党不能走过场"，我们一定要"用坚决、严肃、认真的态度来进行这次整党"，"把我们党建设成为有战斗力的马克思主义政党"。③ 自此，从 1983 年下半年至 1987 年中，全党分三期开展以统一思想、整顿作风、加强纪律、纯洁组织为基本任务的全面整党，基本清理了"文革"流毒，恢复了党的优良传统。1997 年 9 月，党的十五大决定开展以"讲学习、讲政治、讲正气"为主要内容的党性党风教育，采取自上而下的方法，分级分批进行。1998 年 11 月 21 日，中共中央印发《关于在县级以上党政领导班子、领导干部中深入开展以"讲学习、讲政治、讲正气"为主要内容的党性党风教育的意见》，决定从 1998 年 11 月至

---

① 中共中央党史研究室：《中国共产党历史大事记（1919.5—1990.12）》，人民出版社 1991 年版，第 189 页。

②《毛泽东文集》第 6 卷，人民出版社 1999 年版，第 145 页。

③ 中共中央办公厅秘书局资料室：《邓小平论党的建设》，人民出版社 1990 年版，第 213—217 页。

2000 年底进行"三讲"教育活动。这次活动发扬了延安整风运动的精神，使广大党员干部普遍受到了一次深刻的马克思主义教育，解决了党内思想、组织、作风等方面的诸多突出问题。

新中国成立后，中国共产党始终保持自我斗争的姿态，以"检身若不及"的自觉和敢于向自我挑战的决心检省自己、修正错误、自我改造，锻造了令人惊叹的自我勘误纠错和自我完善能力。这种能力是我们兴党兴国的重要原因和关键法宝，从根本上源于中国共产党"在长期斗争和挫折中锻造出的勇于自我革命的自信与从容、果敢与坚毅"①。

三、 中国共产党在敢于斗争中强党

"勇于自我革命，从严管党治党，是我们党最鲜明的品格。"②"党的十八大以来，以习近平同志为核心的党中央站在新的历史起点上，着眼于坚持和发展中国特色社会主义，为实现中华民族伟大复兴的中国梦作出了全面从严治党的重大战略部署"③，并将其作为党中央进行党的建设的鲜明主题，以敢于去腐生肌的自我革命精神和一抓到底的钉钉子精神坚定不移推动全面从严治党向纵深发展，将党建设好、建设强。经过不懈斗争，我们党刹住了一些过去被认为不容易刹住的歪风邪气，党在革命性锻造中变得更加坚强、更加强大，为"团结带领人民有力应对重大挑战、抵御重大风险、克服重大阻力、解决

---

① 牟广东：《勇于自我革命：百年大党强党兴党的重要法宝》，《党建研究》2021 年第 7 期。
② 习近平：《决胜全面建成小康社会 夺取新时代中国特色社会主义伟大胜利》，人民出版社 2017 年版，第 26 页。
③ 吴海江：《全面从严治党的实践突破与理论创新》，《人民论坛》2017 年第 6 期。

重大矛盾"① 提供了根本政治保证。

"思想建设是党的基础性建设"②，是强党的思想前提。为全面规范党内政治生活，营造风清气正的政治生态，"把党建设成为始终走在时代前列、人民衷心拥护、勇于自我革命、经得起各种风浪考验、朝气蓬勃的马克思主义执政党"③，2012 年至今，我们党先后在全党开展了"群众路线教育实践活动、'三严三实'专题教育、'两学一做'学习教育、'不忘初心、牢记使命'主题教育"④、党史学习教育等党内集中教育，牢固树立了正确的政治方向，更加坚定了理想信念，并淬炼了自我革命的锐利思想武器。

党的作风是党的形象，是关乎人心向背的晴雨表。强党必须全面从严治党。在新的历史条件下，我国执政的长期稳定与取得的巨大成就使部分党员领导干部出现思想麻痹、精神松懈等不良倾向，党内仍然存在着贪污受贿、形式主义、官僚主义、享乐主义、脱离群众和作风涣散等不良现象。这些问题总结起来就是我们党面临的"四大考验"和"四种危险"。对此，习近平总书记强调："全面从严治党……要敢于斗争、善于斗争。"⑤ 面对党内各种不正之风和错误行为，面对易发多发、久治不绝的腐败现象，我们党敢抓敢管、敢于斗争，勇敢向党内顽瘴痼疾开刀，以重典治乱的决心持之以恒纠治"四

---

① 中共中央文献研究室：《习近平关于全面从严治党论述摘编》，中央文献出版社 2016 年版，第 19 页。
② 习近平：《决胜全面建成小康社会 夺取新时代中国特色社会主义伟大胜利》，人民出版社 2017 年版，第 63 页。
③ 习近平：《决胜全面建成小康社会 夺取新时代中国特色社会主义伟大胜利》，人民出版社 2017 年版，第 62 页。
④ 习近平：《在党史学习教育动员大会上的讲话》，人民出版社 2021 年版，第 10 页。
⑤《发扬斗争精神增强斗争本领 为实现"两个一百年"奋斗目标而顽强奋斗》，《人民日报》2019 年 9 月 4 日。

风"，推进党风廉政建设，"坚持无禁区、全覆盖、零容忍，坚持重遏制、强高压、长震慑，坚持受贿行贿一起查"①，一体推进不敢腐、不能腐、不想腐，同时在制度建设上出台了《关于新形势下党内政治生活的若干准则》《中国共产党党内监督条例》等，将反腐败斗争进行到底，保持风清气正的政治生态。通过"打虎""拍蝇""猎狐""扫黑除恶"等反腐败的有力举措，使"不敢腐的目标初步实现，不能腐的笼子越扎越牢，不想腐的堤坝正在构筑，反腐败斗争压倒性态势已经形成并巩固发展"②。在这一过程中，我们党还逐渐铸就了"'凡腐必反，除恶务尽'的反腐精神"③，使党接种了有效阻断病毒传播的"疫苗"，从而将全面从严治党推向深入。

新时代背景下，中国共产党始终秉持自我革新的勇气和胸怀，在推进党的建设中不断强思想、强组织、强作风、强制度，增强自身的吸引力、感染力和战斗力，焕发出新的强大生机活力，这是我们党接续弘扬敢于斗争精神的结果。

回首过往，从百年大党到百年强党，中国共产党在建党立党、兴党强党的自我革命中，发扬党充沛顽强的斗争精神，果断清除党内腐败分子，不断推进党的事业、加强党的建设。昭示未来，在新的征程上，百年强党必将引领社会主义中国走向强国时代。

---

① 习近平：《决胜全面建成小康社会 夺取新时代中国特色社会主义伟大胜利》，人民出版社 2017 年版，第 67 页。

② 习近平：《决胜全面建成小康社会 夺取新时代中国特色社会主义伟大胜利》，人民出版社 2017 年版，第 8 页。

③ 徐俊：《中国共产党斗争精神的百年演进及其规律昭示》，《理论探索》2021 年第 4 期。

第四节　中国共产党在敢于斗争中走向世界

1840 年鸦片战争，西方侵略者用血与火打开了中国国门，中国"天朝上国梦"破碎，中华民族奋起抗争。中国共产党成立后，我国外交经历了从被迫开放、保守封闭到主动开放的过程，我们党也无惧风雨、破浪前行，在此斗争过程中不断同世界各国建立和平友好关系，大踏步走向世界，最终走近世界舞台中央。

新中国成立之前，中国正处于半殖民地半封建社会，又深受战争影响，因而中国共产党在对外交往上主要想获得他国同情和援助，以打败帝国主义侵略，赢得独立，解放人民，争取中国与世界的永久和平。如抗日战争时期，毛泽东曾指出："立刻和苏联订立军事政治同盟，紧密地联合这个最可靠最有力量最能够帮助中国抗日的国家。争取英、美、法同情我们抗日，在不丧失领土主权的条件下争取他们的援助。"[①] 1939 年 1 月，中共中央在重庆成立了中共中央南方局外事组，其根本任务在于"宣传出去，争取过来"，以增进国际社会对中国共产党的了解，改善我们党的国际形象和地位。但"弱国无外交"，新民主主义革命时期，中国总体上还处于被动开放，直至 1949 年后才自立于世界民族之林。

---

① 《毛泽东选集》第 2 卷，人民出版社 1991 年版，第 347 页。

一、中国共产党在敢于斗争中同世界各国建立和平友好关系

1949年3月，毛泽东在党的七届二中全会上提出并详细论述了"另起炉灶""打扫干净屋子再请客"的外交方针；1949年6月又提出"一边倒"政策，并强调"我们是愿意按照平等原则同一切国家建立外交关系的"①。1949年9月，中国人民政治协商会议第一届全体会议通过的《共同纲领》明确规定："中华人民共和国外交政策的原则，为保障本国独立、自由和领土主权的完整，拥护国际的持久和平和各国人民间的友好合作，反对帝国主义的侵略政策和战争政策。"② 这既确定了新中国的外交方针和指导原则，又是我们党坚持正义的斗争气节和斗争必胜的信心开创崭新外交局面的结果，为我们党走向世界奠定了基础。1949年10月1日，新中国正式成立，为我国走向世界奠定了政治前提。1949年10月2日，苏联断绝了与国民党政府的外交关系，决定与新中国建立外交关系并互派大使。以此为开端，新中国拉开了对外交往的大幕。新中国的成立，"彻底废除了列强强加给中国的不平等条约和帝国主义在中国的一切特权"③，打破了西方的孤立和封锁，彻底结束了旧中国的屈辱外交。

1950年，面对中苏缔约后的国际形势和外交工作，当时兼任外交部长的周恩来总理说，"假如战争要打起来，就要准备力量，这就是既要有为争取和平而斗争的信念，也要有为保卫和平而斗争的力量"，

①《毛泽东选集》第4卷，人民出版社1991年版，第1435页。

②《周恩来选集》下卷，人民出版社1984年版，第34页。

③《中共中央关于党的百年奋斗重大成就和历史经验的决议》，《人民日报》2021年11月17日。

"因此，我们是不能放松斗争的"。① 同年，抗美援朝战争爆发，中国共产党奋起抵抗、保家卫国，最终赢得了对美国在政治、军事、外交战线上的第一场重大胜利，"奠定了新中国在亚洲和国际事务中的重要地位，彰显了新中国的大国地位"②，有利于我国与世界各国发展和平友好关系。

1953年12月，周恩来在接见印度政府代表团时创造性地提出和平共处五项原则，后成为新中国对外关系的基本原则，为我国打开外交局面奠定了基础。此后，我国在和平共处五项原则基础上积极发展同世界各国的友好合作关系，"随着我国外交局面逐步打开，一批亚洲民族主义国家向我们伸出友谊之手，成为与我们建交的国家"③，中国加快了走向世界的步伐。尤其是1971年10月，我国恢复在联合国的合法席位，并同更多发展中国家建立了经济和技术合作关系，这是中国重新回到世界舞台的一个起点，实际上也是我们党进行一系列艰难持久外交斗争的结果。新中国成立后，我国理应继承在联合国的席位，但由于美国的阻挠，这一问题被搁置，为此，我们党领导人民凭借一股冲劲、拼劲与韧劲开展了一系列争取世界人心的斗争，最终取得了重大胜利。所以，周恩来指出，"我们争取恢复在联合国的合法席位是一场很严重的斗争，其目的是要完成有世界意义的任务，这就

---

① 中华人民共和国外交部、中共中央文献研究室：《周恩来外交文选》，中央文献出版社1990年版，第15—16页。

② 习近平：《在纪念中国人民志愿军抗美援朝出国作战70周年大会上的讲话》，《人民日报》2020年10月24日。

③《为世界谋大同（新中国发展面对面⑨）——中国是怎样走近世界舞台中央的?》，《人民日报》2019年8月13日。

是要使战争打不起来"①。从此，中国作为联合国安理会常任理事国，为维护世界和平、加强各国友好、促进人类进步事业作出了不懈努力，在国际事务中发挥着越来越重要的作用。

二、 中国共产党在敢于斗争中大踏步走向世界

邓小平强调，"现在的世界是开放的世界"②，"任何一个国家要发展，孤立起来，闭关自守是不可能的"③。所以党的十一届三中全会后，中国共产党除一如既往地维护国家独立、主权和社会制度外，还在和平与发展的时代主题下将对外开放作为我国社会主义现代化建设的一项基本国策，并认真对待每一场重大外交斗争，善于把握时机和分寸，注重斗争阶段性。改革开放后的中国正大踏步地走向世界舞台。

1982 年，邓小平以宽阔的世界眼光高瞻远瞩地提出了我国的基本外交政策，指出："中国的对外政策是一贯的，有三句话，第一句话是反对霸权主义，第二句话是维护世界和平，第三句话是加强同第三世界的团结和合作，或者叫联合和合作。"④ 这一时期，我国不仅努力加强与世界各国的经济合作和贸易往来，还主动"学习外国先进的科学技术和管理经验"⑤，对外关系开始向全方位、多层次发展。

进入新世纪，中国与外部世界的融合度越来越高。全党以冷静理

---

① 中华人民共和国外交部、中共中央文献研究室：《周恩来外交文选》，中央文献出版社 1990 年版，第 14 页。

②《邓小平文选》第 3 卷，人民出版社 1993 年版，第 64 页。

③《邓小平文选》第 3 卷，人民出版社 1993 年版，第 117 页。

④《邓小平文选》第 2 卷，人民出版社 1994 年版，第 415 页。

⑤ 郭德宏：《毛泽东思想邓小平理论论稿》，中央文献出版社 2003 年版，第 502 页。

性的思维和埋头实干的姿态坚持独立自主的和平外交方针，进行反对霸权主义、强权政治的斗争，并"为维护世界和平、促进共同发展作出重要贡献"①。2001 年 6 月 15 日，上海合作组织成立，进一步加强了我国与周边国家的关系。2001 年 10 月，亚太经济合作组织领导人非正式会议首次在中国上海举办，为展示中国经济文化及沟通世界提供了重要平台。2001 年 12 月 11 日，中国加入世界贸易组织（WTO），加快了我国融入经济全球化的进程。2002 年 4 月，博鳌亚洲论坛第一届年会在海南举行，拓展了我国与亚洲其他国家的合作，成为我国走向世界的重要舞台。2006 年 11 月，中非合作论坛北京峰会第三届部长级会议召开，加强了中非之间的合作与发展。2008 年，第七届亚欧首脑会议在北京举行，亚欧会议各成员领导人围绕"对话合作、互利共赢"主题展开一系列讨论，推动了中欧关系的发展。2010 年 5 月，上海世界博览会举行，加强了中国与世界各国之间的人文交流，中国国际地位进一步提高，国际影响力进一步增强。2011 年 4 月，金砖国家领导人第三次会晤在海南三亚进行，进一步深化和扩大了中国与巴西、俄罗斯、印度、南非间的合作。

可以看出，这一时期，我们党以开放姿态通过不懈努力全方位发展同世界各国的外交关系，"逐渐成为国际体系的重要参与方和建设者，树立起负责任大国的形象"②。

---

① 中共中央文献研究室：《十六大以来重要文献选编（中）》，中央文献出版社 2006 年版，第 425 页。
②《为世界谋大同（新中国发展面对面⑨）——中国是怎样走近世界舞台中央的?》，《人民日报》2019 年 8 月 13 日。

三、　中国共产党在敢于斗争中走近世界舞台中央

党的十八大以来，以习近平同志为主要代表的中国共产党人不断强化斗争精神，为捍卫国家主权和安全、争取世界和平与发展而不懈斗争。这一阶段，我国外交积极进取、奋发有为，开辟了中国特色大国外交的新局面。

2013 年，习近平总书记提出的"一带一路"倡议，得到了众多国家与国际组织的支持，还被纳入联合国大会、联合国安理会等重要决议内容，加强了中国在科学、教育、文化、卫生、民间交往等各领域同世界各国的广泛合作。① 2014 年 5 月 20 日至 21 日，亚信第四次峰会在上海世博中心举行，有利于推动整个亚洲的交流与沟通、和谐与信任，维护亚洲地区和平稳定。2016 年，二十国集团（G20）领导人杭州峰会召开，奠定了中国在全球经济治理中不可或缺的地位。2017 年 5 月，首都北京举办了首届"一带一路"国际合作高峰论坛，进一步推动了"一带一路"建设进程。2018 年 11 月，首届中国国际进口博览会在中国上海举办，这是世界上首个专门为进口而举办的国家级博览会，深刻体现出我国作为世界第二大经济体、第二大进口国和消费国在促进世界经济增长中的贡献。可见，新时代以来，中国在国际事务中的地位、作用和能力都得到了前所未有的提升，为促进地区和平与发展、维护国际公平正义发挥了重要建设性作用。

但随着中国逐渐走近世界舞台中央，我国既迎来了发展的战略机遇，又承受着前所未有的外部压力和风险。国际上敌对势力对中国社

---

① 张丽：《主场外交》，人民出版社 2020 年版，第 48 页。

会主义和中国共产党的反对、攻击、污蔑日益严重，"经济全球化遭遇逆流，国际政治秩序、经济循环格局发生深度调整，意识形态领域斗争也硝烟四起"①，世界面临的不稳定性和不确定性因素日益突出，这都要求我们党必须顶住外部压力，敢于斗争。为此，中国共产党人不但团结带领中国人民同强权霸凌作坚决斗争，反对各种形式的霸权主义和强权政治，以前所未有的意志品质"有力维护国家主权、安全、发展利益，为促进世界和平与发展作出了积极贡献"②，而且还推动"构建新型国际关系、倡导共商共建共享的全球治理观"③、奉行互利共赢的开放战略、推进"一带一路"国际合作、推动构建人类命运共同体，尽显大国特色、大国风格、大国气度。

早在1956年，毛泽东就满怀信心地说，"中国应当对于人类有较大的贡献"④。百年来，中国共产党以实际行动证明，作为负责任大国，中国是"世界和平的建设者、全球发展的贡献者、国际秩序的维护者"⑤，在国际风云变幻中发挥了中流砥柱作用，发展着的中国正在不断为世界提供机遇。但中国走近世界舞台中央，可以预料和难以预料的风险挑战日益增多。习近平总书记在党的二十大报告中强调："当前，世界之变、时代之变、历史之变正以前所未有的方式展开。一方面，和平、发展、合作、共赢的历史潮流不可阻挡，人心所向、大势所趋决定了人类前途终归光明。另一方面，恃强凌弱、巧取豪夺、零和博弈等霸权霸道霸凌行径危害深重，和平赤字、发展赤字、

---

① 齐卫平：《"坚持敢于斗争"的重大现实意义》，《新华日报》2021年12月28日。
② 习近平：《在全国政协新年茶话会上的讲话》，《人民日报》2022年1月1日。
③ 何毅亭：《新时代·新思想（二）》，人民出版社2021年版，第51页。
④《毛泽东文集》第7卷，人民出版社1999年版，第157页。
⑤ 习近平：《在庆祝改革开放40周年大会上的讲话》，人民出版社2018年版，第18页。

安全赤字、治理赤字加重，人类社会面临前所未有的挑战。"① 因此，我们党要付出更为艰巨、更为艰苦的努力，迎难而上，砥砺前行，在新时代外交中发扬斗争精神，提高斗争本领，防范化解国际和外交领域重大风险，为世界和平与发展作出更大贡献。

---

① 习近平：《高举中国特色社会主义伟大旗帜 为全面建设社会主义现代化国家而团结奋斗——在中国共产党第二十次全国代表大会上的报告》，人民出版社 2022 年版，第 60 页。

第三章

中国共产党坚持敢于斗争的
实践原则

习近平总书记指出："社会是在矛盾运动中前进的，有矛盾就会有斗争。我们党要团结带领人民有效应对重大挑战、抵御重大风险、克服重大阻力、解决重大矛盾，必须进行具有许多新的历史特点的伟大斗争，任何贪图享受、消极懈怠、回避矛盾的思想和行为都是错误的。"而斗争原则是中国共产党人在总结百年来斗争规律的基础上形成的，能保证我们党在斗争实践中沿着正确的方向推进，为提升斗争的效果和质量提供坚实保障，是我们党在新时代开展斗争应当遵循的基本准则。

第一节　坚持斗争立场的坚定性

立场是认识和处理问题时所处的地位和所持的态度。斗争是有立场的，立场不坚定，将导致不敢斗争、不会斗争。在大是大非面前，为谁的利益说话、立场站在哪一边，比雄辩更加重要。中国共产党作为马克思主义执政党，坚持人民立场是我们党区别于其他政党的显著标志。面对百年未有之大变局，中国共产党领导全国人民进行具有许多新的历史特点的伟大斗争，必须迎难而上、攻坚克难，必须坚持正确的立场。习近平总书记强调："只要我们深深扎根人民、紧紧依靠人民，就可以获得无穷的力量，风雨无阻，奋勇向前。"① 中国共产党所开展的一切斗争都是为了化解矛盾，维护人民群众的根本利益。因此，中国共产党人必须坚守人民立场，把人民群众作为强大的后盾和力量之源。

一、以汇集人民智慧为主导进行斗争

中国共产党坚持敢于斗争，需要汇集人民群众的集体智慧。习近平总书记在党的群众路线教育实践活动工作会议上指出："我们党来自人民、根植人民、服务人民，党的根基在人民、血脉在人民、力量

---

①《习近平谈治国理政》第 3 卷，外文出版社 2020 年版，第 67 页。

在人民。失去了人民拥护和支持，党的事业和工作就无从谈起。"① 警示我们应该从巩固党的执政基础和执政地位、保证国家长治久安的高度看待党同人民群众的关系。坚持敢于斗争，就要紧紧依靠人民，把充分调动最广大人民的积极性和创造性作为根本动力。

一方面，集思广益、博采众长，汇集人民群众的集体智慧，广泛吸纳人民群众在日常实践中探索出的经验开展斗争。诚如习近平总书记所言："在人民面前，我们永远是小学生，必须自觉拜人民为师，向能者求教，向智者问策……"② 党的群众路线强调"一切为了群众，一切依靠群众，从群众中来，到群众中去"。把党的群众路线有效落实到治国理政实践中，必须既要把"一切为了群众，一切依靠群众"的根本立场落实其中，又要把"从群众中来，到群众中去"的工作原则落实其中。中国共产党坚持敢于斗争，不仅要做到"一切为了群众，一切依靠群众"，还要做到"从群众中来，到群众中去"，把人民群众在日常生活中积累的经验融入以人民为中心、切实维护人民利益的斗争当中。

另一方面，人民群众的集体智慧是我们党进行斗争的力量之源。人民群众是历史发展的主体，是推动社会进步的主要力量。中国共产党能成为执政党，能够成功开辟中国特色社会主义道路，能够成为中国特色社会主义事业的领导核心，归根到底是因为我们党充分发挥了人民群众的主动性、积极性和创造性，汇集了全体人民的力量，使新中国有了脱胎换骨的变化。千磨万击还坚劲，在建设社会主义现代化强国的新征程中，坚持敢于斗争同样需要汇集人民群众的集体智慧。

---

① 《习近平谈治国理政》第 1 卷，外文出版社 2018 年版，第 367 页。
② 《习近平谈治国理政》第 1 卷，外文出版社 2018 年版，第 27 页。

习近平总书记在纪念红军长征胜利 80 周年大会上提出："长征胜利启示我们：人民群众有着无尽的智慧和力量，只有始终相信人民，紧紧依靠人民，充分调动广大人民的积极性、主动性、创造性，才能凝聚起众志成城的磅礴之力。"① 这再次表明，只有充分汇聚人民群众的智慧，开展斗争才有使不完的方法、用不尽的策略和力量。

二、 以凝聚人民力量为主线开展斗争

坚持敢于斗争，必须凝聚人民力量，维护人民的主体地位。习近平总书记强调："实现中国梦，必须凝聚中国力量。空谈误国，实干兴邦。我们要用 13 亿中国人的智慧和力量，一代又一代中国人不懈努力，把我们的国家建设好，把我们的民族发展好。"② 实现中华民族的伟大复兴不是一朝一夕、一蹴而就的，其间更是面临着各种各样的困难与挑战，而解决这些难题，必须充分凝聚人民群众的力量，才能最终赢得斗争的胜利。

第一，凝聚人民力量开展斗争，就是要发挥人民群众的历史主体性，吸收人民群众参与到斗争中来，从而汇聚起中国力量。正如习近平总书记所言："只有每个人都为美好梦想而奋斗，才能汇聚起实现中国梦的磅礴力量。"③ 中国是拥有 14 亿多人口的大国，中国人民历来是勇敢勤劳的，蕴藏着无穷的力量。更为重要的是，经过历史的洗礼和检验，人民群众由衷拥护中国共产党的领导，并坚信在中国共产

①《习近平谈治国理政》第 2 卷，外文出版社 2017 年版，第 52 页。
②《习近平谈治国理政》第 1 卷，外文出版社 2018 年版，第 57 页。
③《习近平谈治国理政》第 1 卷，外文出版社 2018 年版，第 49 页。

党的带领下，能够取得一切斗争的胜利。党领导全国人民开展许多具有新的历史特点的斗争，必须充分动员号召全体社会成员参与其中。

第二，凝聚人民力量开展斗争，就是要搞好各民族的团结和睦，充分发挥各个民族的特色和优势，从而汇聚起中国力量。习近平总书记指出，伟大的人民、伟大的民族和民族精神，是我们坚定"四个自信"的底气，"也是我们风雨无阻、高歌行进的根本力量"[1]；"实现中国梦必须凝聚中国力量。这就是中国各族人民大团结的力量"；"全国各族人民一定要牢记使命，心往一处想，劲往一处使，用 13 亿人的智慧和力量汇集起不可战胜的磅礴力量"[2]。中国是一个多民族国家，每一个民族的发展程度和具体情况以及发展带来的问题都不尽相同。我们党开展斗争要切实解决每个民族面临的客观问题，推动各民族共同繁荣发展，促使各民族像石榴籽一样紧密团结在一起，凝聚磅礴伟力。

三、 以维护人民根本利益为主旨开展斗争

"江山就是人民，人民就是江山。中国共产党领导人民打江山、守江山，守的是人民的心。"[3] 民心是最大的政治。坚持敢于斗争，必须切实维护人民的根本利益，保障人民权利。习近平总书记指出："得民心者得天下，失民心者失天下，人民拥护和支持是党执政的最

---

① 习近平：《在第十三届全国人民代表大会第一次会议上的讲话》，人民出版社 2018 年版，第 6 页。
②《习近平谈治国理政》第 1 卷，外文出版社 2018 年版，第 40 页。
③ 习近平：《高举中国特色社会主义伟大旗帜 为全面建设社会主义现代化国家而团结奋斗——在中国共产党第二十次全国代表大会上的报告》，人民出版社 2022 年版，第 46 页。

牢固根基。人心向背关系党的生死存亡。"① 新征程上，中国共产党领导各族人民坚持斗争，必须充分保障人民的权利，维护人民的切身利益，增强人民的政治认同。

其一，维护人民利益，就是要与破坏社会主义基本经济制度的行为作斗争，保障人民的经济权利。改革开放以来，为了调动一切积极因素进一步发展社会经济，我们确立了以公有制为主体、多种所有制经济并存的基本经济制度，这一经济制度也是我们取得一个个经济发展奇迹的重要基础。正如习近平总书记所言："坚持和完善公有制为主体、多种所有制经济共同发展的基本经济制度，关系巩固和发展中国特色社会主义制度的重要支柱。"② 当前，我国的社会主要矛盾已转化为人民日益增长的美好生活需要和不平衡不充分的发展之间的矛盾。解决发展不平衡不充分的难题，坚持并不断完善社会主义基本经济制度是前提保证。眼下出现的一些质疑中国经济制度、宣传西方经济体制的声音，在意识形态领域造成了不必要的恐慌，为此党员干部必须坚决抵制并与之斗争，保障人民的经济权利，维护好广大人民群众的切身利益。

其二，维护人民利益，就是要与破坏社会主义政治制度的行为作斗争，保障人民的政治权利。党的十八大以来，以习近平同志为核心的党中央团结带领全国人民坚定不移地走中国特色社会主义政治发展道路，坚持党的领导、依法治国和人民当家作主的有机统一，推动国家治理体系和治理能力现代化，积极稳妥推进政治体制改革，充分保障了人民群众的政治权利。中国人民当家作主的政治权利是由人民代

---

① 《习近平谈治国理政》第 1 卷，外文出版社 2018 年版，第 368 页。
② 《习近平谈治国理政》第 1 卷，外文出版社 2018 年版，第 78 页。

表大会制度、中国共产党领导的多党合作和政治协商制度、民族区域自治制度以及基层群众自治制度等制度体系产生并保障的。人民代表大会制度体现了社会主义的国家性质，是人民当家作主的最高实现形式，是人类政治制度史上的一大创举；中国共产党领导的多党合作和政治协商制度是适合我国国情的新型政党制度，各民主党派和无党派人士通过政治协商、民主监督、参政议政等形式保障人民当家作主的政治权利；民族区域自治制度是在党和国家的统一领导下，各少数民族根据自身特点实行的区域自治制度，有助于充分发挥各民族投身社会主义现代化建设的主动性和积极性，构建民族共同体，促进各民族共同繁荣与进步；基层群众自治制度是依照宪法和法律，由居民（村民）选举的成员组成居民（村民）委员会，实行自我管理、自我教育、自我服务、自我监督的制度，这既保障了人民群众当家作主的权利，又锻炼了群众参与民主政治实践的能力，体现出我国人民民主的真实性和广泛性。实践证明，中国特色社会主义政治制度和国家治理体系是符合中国国情并经过历史检验的，能经得起各种挑战。当前，面对艰难繁重的改革任务，一些人散播不利于中国特色社会主义政治制度的言论，攻击甚至抹黑中国政治制度和党的领导，为此，我们党唯有"坚定斗争意志"，"敢于出击，敢战能胜"①，坚决捍卫我国的政治制度安全，坚定制度自信，才能维护广大人民群众的政治权利，确保人民当家作主。

其三，维护人民利益，就是要与破坏社会主义安定和谐的行为作斗争，保障人民的安全感。习近平总书记在 2019 年中央党校省部级

①《发扬斗争精神增强斗争本领 为实现"两个一百年"奋斗目标而顽强奋斗》，《人民日报》2019 年 9 月 4 日。

主要领导干部研讨班上强调："要坚持保障合法权益和打击违法犯罪两手都要硬、都要快。对涉众型经济案件受损群体，要坚持把防范打击犯罪同化解风险、维护稳定统筹起来，做好控赃控人、资产返还、教育疏导等工作。要继续推进扫黑除恶专项斗争，紧盯涉黑涉恶重大案件、黑恶势力经济基础、背后'关系网''保护伞'不放，在打防并举、标本兼治上下功夫。要创新完善立体化、信息化社会治安防控体系，保持对刑事犯罪的高压震慑态势，增强人民群众安全感。"① 违法犯罪行为，无论是刑事案件还是民事案件，都有损于社会安定和谐，侵害人民的社会权利，增加社会的不稳定因素，因此必须坚决依法开展专项斗争，保护人民生命和财产安全。

第二节　坚持斗争方向不动摇

方向问题是根本问题，丝毫动摇不得。只有斗争方向正确并持之以恒，才不会在纷繁复杂的斗争中迷失方向，才会拥有光明的前途。这就要求我们党在开展斗争时做到"不畏浮云遮望眼"，做到"乱云飞渡仍从容"。习近平总书记指出："共产党人的斗争是有方向、有立场、有原则的，大方向就是坚持中国共产党领导和我国社会主义制度不动摇。凡是危害中国共产党领导和我国社会主义制度的各种风险挑战，凡是危害我国主权、安全、发展利益的各种风险挑战，凡是危害

---

①《习近平谈治国理政》第 3 卷，外文出版社 2020 年版，第 221—222 页。

我国核心利益和重大原则的各种风险挑战，凡是危害我国人民根本利益的各种风险挑战，凡是危害我国实现'两个一百年'奋斗目标、实现中华民族伟大复兴的各种风险挑战，只要来了，我们就必须进行坚决斗争，毫不动摇，毫不退缩，直至取得胜利。"[1] 共产党人要时刻保持头脑清醒，在是非曲直面前旗帜鲜明，牢牢坚持斗争方向不动摇。

一、 以坚持党的领导为根本前提不动摇

党政军民学，东西南北中，党是领导一切的。没有中国共产党的坚强领导，就没有当代中国取得的伟大成就。始终坚持中国共产党的领导，是广大人民群众的选择，也是历史的选择。历史已然证明，正是中国共产党团结带领全国各族人民披荆斩棘、乘风破浪，才创造了伟大发展奇迹。习近平总书记在全国脱贫攻坚总结表彰大会上的讲话中强调指出："中国共产党具有无比坚强的领导力、组织力、执行力，是团结带领人民攻坚克难、开拓前进最可靠的领导力量。只要我们始终不渝坚持党的领导，就一定能够战胜前进道路上的任何艰难险阻，不断满足人民对美好生活的向往。"[2] 今天我们开展伟大斗争，一定要在党的领导下进行，坚决维护党的领导地位。

一方面，坚信中国特色社会主义最本质的特征是中国共产党的领导，中国特色社会主义的最大优势是中国共产党的领导。一代代优秀的共产党人为了国家和人民事业抛头颅、洒热血，生动展示了共产党员的高尚情操和人民情怀。正是在中国共产党的正确领导下，中华民

---

[1]《习近平新时代中国特色社会主义思想学习问答》，学习出版社、人民出版社 2021 年版，第 458 页。
[2] 习近平：《在全国脱贫攻坚总结表彰大会上的讲话》，《人民日报》2021 年 2 月 25 日。

族历经风雨之后迎来了伟大复兴的光明前景。在新时代中国特色社会主义的伟大实践中，开展伟大斗争，推进伟大事业，只有以党的坚强领导为保证，才能激励全体中国人民不断奋进，乘风破浪，不畏艰难，勠力同心共筑中国梦。

另一方面，坚决捍卫"两个确立"，做到"两个维护"。万山磅礴，必有主峰；船重千钧，掌舵一人。不论一个组织、一个政党，还是一个国家、一个民族，领导核心至关重要。邓小平曾指出："任何一个领导集体都要有一个核心，没有核心的领导是靠不住的。"① 一个集体没有核心，就难以形成合力，关键时刻还会迷失方向。党的十八大以来，党和国家各项事业之所以能取得辉煌成就、发生历史性变革，根本原因在于确立了以习近平同志为核心的党中央的领导，明确了习近平新时代中国特色社会主义思想的科学指引。党的十九届六中全会审议通过《中共中央关于党的百年奋斗重大成就和历史经验的决议》，其中开创性地提出的"两个确立"，是新时代的最大政治成果和历史结论，在新的赶考路上，全体党员必须一以贯之予以捍卫。坚决拥护习近平总书记的核心地位，全国人民就有了"主心骨"，民族复兴号巨轮就有了掌舵者；确立习近平新时代中国特色社会主义思想的指导地位，我们党就能始终沿着正确的方向奋斗前行，不断化解各种风险挑战。"两个确立"体现了全党的共同意志，是民心所向、历史选择。新时代，面对波谲云诡的国际局势、复杂敏感的周边环境、繁杂艰巨的改革任务，我们党必须始终与以习近平同志为核心的党中央保持高度一致，在组织上做到坚决服从，在政治上做到坚决维护，

_____

① 《邓小平文选》第 3 卷，人民出版社 1993 年版，第 310 页。

在行动上做到坚决贯彻落实，这样才能在错综复杂的环境中顺利开展斗争，取得斗争的实质性成效。

二、 以坚决捍卫国家安全为先决条件不动摇

主权、安全、发展利益是一个国家的重中之重，在任何情况下都不容侵犯。自新中国成立以来，中国共产党始终把国家安全工作摆在首位，毫不动摇地捍卫我国主权、安全、发展利益，为中国特色社会主义各项事业的蓬勃发展提供了安全保障。国家安全是定国安邦的重要基石，维护国家安全是广大人民群众的根本利益所在。习近平总书记强调："我们党要巩固执政地位，要团结带领人民坚持和发展中国特色社会主义，保证国家安全是头等大事。"[①] 保证国家安全，就要自觉捍卫我国主权、安全、发展利益，坚决与一切分裂国家、破坏民族团结和社会稳定和谐的行为作斗争。目前，我国面临百年未有之大变局，各种可预见和难以预见的潜在风险因素显著增多，国家安全的内涵和外延比历史上任何时候都要丰富，时空领域比历史上任何时候都要宽广，内外因素比历史上任何时候都更加繁杂，维护国家安全和社会稳定的任务任重道远。中国共产党人发扬斗争精神，坚持伟大斗争，必须牢牢以维护国家安全为重要目标和方向。在具体实践中，要讲究斗争策略，增强斗争勇气，积极预防和化解社会矛盾，妥善处理公共卫生突发事件及重大自然灾害；坚决捍卫领土主权和海洋权益，敢于同一切分裂祖国的企图和行径作斗争；加强网络综合监管与治

---

①《习近平谈治国理政》第1卷，外文出版社2018年版，第200页。

理，增强网络安全威慑能力和防御能力，切实保障国家数据安全和国家网络空间主权安全；把确保政治安全作为首要任务，坚决维护党的执政地位，坚决打击不讲政治、山头主义、码头文化、圈子文化等不良政治行为。

三、 以坚决实现民族复兴为梦想不动摇

近代以来，中华民族历经磨难，但从未放弃过对美好生活的追求和向往。实现中华民族伟大复兴，是全体中国人民最大的梦想，凝结了几代人的夙愿，是每一位中华儿女的共同期盼，昭示着中国人对国家富强、民族振兴、生活幸福的美好憧憬，也是今天中国共产党人坚持伟大斗争的重要宗旨。

习近平总书记在参观《复兴之路》展览时曾指出："现在，大家都在讨论中国梦，我以为，实现中华民族伟大复兴，就是中华民族近代以来最伟大的梦想。"[①] 只有经历过苦难的民族，才会对复兴有如此殷切期望；只有经历过辉煌的民族，才懂得复兴的意义。鸦片战争后，中华民族历经屈辱，风雨飘摇，为了实现民族独立，无数仁人志士进行了艰辛探索和不屈不挠的斗争，但均遭失败。民族危亡之际，中国共产党义无反顾地担起民族复兴的重任。百年来，我们党始终不忘初心、牢记使命，团结带领全国各族人民排除万难、乘风破浪，实现了从站起来、富起来到强起来的伟大飞跃。新时代，我们比以往任何时期都更接近中华民族伟大复兴这一集中体现中华儿女根本利益的

---

① 《习近平谈治国理政》第 1 卷，外文出版社 2018 年版，第 36 页。

中国梦。中国梦是民族振兴的梦，是使中华民族再次处于世界领先地位，屹立于世界民族之林；中国梦归根到底是人民的梦，是不断造福于人民群众的梦，能使人民对美好生活的向往成为现实，人民的权益得以充分保障，人人共享发展成果，这是民族振兴、国家富强的出发点和落脚点。

中华民族的伟大复兴绝不是轻轻松松、敲锣打鼓就能实现的，当前我们面临的风险与挑战不容小觑。从国内层面看，党的各项事业发生了一系列深刻变化，取得了重大成就，但仍需跋山涉水。我们正处于爬坡过坎的发展关键期、改革攻坚期，各种矛盾相互交织呈现；发展不平衡不充分的问题仍待解决，人民群众对高品质生活的追求仍未完全满足；意识形态领域斗争形势依然复杂；党的建设还存在薄弱环节；民生领域仍有不少短板等。从国外层面看，当今世界面临百年未有之大变局。新一轮科技革命导致国际格局持续变化，国际力量的此消彼长造成全球治理体系发生深刻变化；逆全球化思潮和贸易保护主义不断抬头；全球发展的不确定性更加凸显；国际秩序呈现分裂倾向；地区安全威胁、民粹主义、单边主义、恐怖主义、难民危机等问题不断发酵。这些问题成为当代中国进一步发展的障碍，意味着共产党人必须持之以恒地发扬斗争精神，不畏艰险，迎难而上，坚决战胜政治、经济、文化、社会等领域出现的一切风险挑战，破除一切顽瘴痼疾，同一切危害社会主义制度和人民利益的思想及行为作斗争，以确保中华民族伟大复兴的目标顺利如期实现。

第三节　坚持斗争方法的策略性和艺术性

当前，我国已进入改革攻坚期、矛盾凸显期、发展关键期，面对国内外错综复杂的形势，我们必须针对各类风险挑战开展斗争。斗争是一项高水平、综合性的艺术，要求我们把握斗争规律、遵守斗争原则、寻求斗争策略。唯有提高斗争艺术，才能顺利实现共产党人肩负的神圣使命。诚如习近平总书记所说，"斗争是一门艺术，要善于斗争""要注重策略方法，讲求斗争艺术"。① 中国共产党人的斗争艺术来源于马克思主义的世界观和方法论，并在百年来的革命、建设和改革中得到了生动实践。

一、善抓矛盾主次，掌握斗争规律

善于抓住主要矛盾和矛盾的主要方面，进而破解面临的难题，是我们党进行斗争极为重要也是最基本的原则。毛泽东强调："拿起纲，目才能张，纲就是主题。"② 毛泽东所说的"纲"就是事物的主要矛盾，"目"是次要矛盾。我们开展斗争时，只有遵循马克思主义辩证法，以重点解决带动整体推进，又以整体推进保障重点解决，才能真正保持"不畏浮云遮望眼"的定力，进而取得斗争实效。

---

①《习近平谈治国理政》第3卷，外文出版社2020年版，第227页。
②《毛泽东文集》第6卷，人民出版社1999年版，第302页。

（一）坚持以重点解决带动整体推进

马克思主义辩证法认为，主要矛盾在事物发展中起决定、主导作用，矛盾的主要方面决定着事物的本质，主次矛盾、矛盾的主次方面可以相互转化。面对客观实践，我们必须依据实际情况厘清其主次矛盾、矛盾的主次方面，在兼顾一般的同时紧紧抓住主要矛盾和矛盾的主要方面。

中国共产党人的斗争就是朝着各种风险挑战去的。当我们面临的各类矛盾与风险集中爆发时，抓住种种矛盾中的重大矛盾，找出种种风险中的重大风险，就成为取得斗争胜利的关键因素。对此，习近平总书记指出："各种风险我们都要防控，但重点要防控那些可能迟滞或中断中华民族伟大复兴进程的全局性风险。"① 防范化解潜在的对中华民族伟大复兴构成威胁的风险，是新征程中具有许多新的历史特点的伟大斗争的重点。围绕重大风险，部署安排新阶段的斗争任务，才能在具体实践中做到以重点解决带动整体推进。毛泽东说："如果是存在着两个以上矛盾的复杂过程的话，就要用全力找出它的主要矛盾。抓住了这个主要矛盾，一切问题就迎刃而解了。"② 在分析出风险挑战的重点后，还需要进一步抓住矛盾的主要方面来破解存在的问题。这些重大风险的背后，涉及的其实就是斗争任务和斗争本领之间的矛盾关系。显然，矛盾的主要方面在于不断提升我们的斗争本领以应对新时代的各种凸显问题。对于斗争本领怎样提升，习近平总书记特别强调："斗争精神、斗争本领，不是与生俱来的。领导干部要经

---

① 《习近平新时代中国特色社会主义思想学习纲要》，人民出版社 2019 年版，第 246 页。
② 《毛泽东选集》第 1 卷，人民出版社 1991 年版，第 322 页。

受严格的思想淬炼、政治历练、实践锻炼，在复杂严峻的斗争中经风雨、见世面、壮筋骨，真正锻造成为烈火真金。"①

（二）坚持以整体推进保障重点解决

随着斗争向纵深发展，各领域、各环节的关联性、契合性明显增强。例如在谈及全面深化改革时，习近平总书记就强调："现在，重大改革都是牵一发而动全身的，更需要全面考量、协调推进。"② 因此，我们要注重统筹规划与顶层设计，以整体推进保障重点解决，"努力做到全局和局部相配套、治本和治标相结合、渐进和突破相促进。改革也要辨证施治，既要养血润燥、化瘀行血，又要固本培元、壮筋续骨，使各项改革发挥最大效能"③。毫无疑问，在任何领域的斗争中，我们都应重视整体规划、统筹实施，如提出斗争目标、优先次序、主攻方向，斗争的路线图、时间表等，以便推动各项工作相互协作、良性互动，从而提高决策的可靠性，使之与奋斗目标相适应。就全面深化改革而言，各地方、各部门各行其是、单兵作战肯定行不通，必须把推进政治体制、经济体制、文化体制、社会体制等改革有机贯通、相互协调，把推进思想创新、文化创新、制度创新、科技创新等有效衔接，才能优化整体效能，彰显改革合力。

二、 做到有理有利有节， 把控斗争火候

新征程上的各种重大风险矛盾除了展现在各个领域之外，通常还

---

① 《习近平谈治国理政》第3卷，外文出版社2020年版，第227页。
② 《习近平关于全面深化改革论述摘编》，人民出版社2014年版，第33页。
③ 《习近平关于全面深化改革论述摘编》，人民出版社2014年版，第32页。

依附于个人、组织设置等各类行为主体之中。与其进行博弈、斗争，坚持有理有利有节显得尤为重要。毛泽东在总结与国民党反动派的斗争经验时提出了著名的"有理有利有节"原则。他强调，在抗日统一战线时期，同反动派斗争要坚持以下原则：第一是自卫原则，第二是胜利原则，第三是休战原则。在这三个原则指导下，我们数次粉碎了国民党顽固派策划的反共图谋。"有理有利有节"成为抗战时期指导统一战线内部斗争的策略。在新时代，习近平总书记将这一原则创造性地应用于伟大斗争、伟大工程、伟大事业、伟大梦想的实践中，并明确指出，要"坚持有理有利有节，合理选择斗争方式、把握斗争火候，在原则问题上寸步不让，在策略问题上灵活机动"①。

（一）坚持有理原则

坚持有理原则，就是在对方主动挑衅或攻击之前，自己先保持冷静克制，不惹是非，但在挑衅发生后，也决不退缩、畏首畏尾，必须给予适当还击。毛泽东指出："第一是自卫原则。人不犯我，我不犯人，人若犯我，我必犯人。这就是说，决不可无故进攻人家，也决不可在被人家攻击时不予还击。"② 比如 1962 年，因领土争端问题，中印军队一度在西南边境对峙，我军坚决不打第一枪，直到印方军队一再挑衅，才予以还击。斗争的自卫性保证我们占据了道义优势，使我们在政治上、舆论上居于主动，也能保证我们在主权利益受到挑战时给予有力回击，后发制人。2019 年国务院发布的《新时代的中国与世界》白皮书指出："中国绝不走'国强必霸'的路子。中国走和平

---

①《习近平谈治国理政》第 3 卷，外文出版社 2020 年版，第 227 页。
②《毛泽东选集》第 2 卷，人民出版社 1991 年版，第 749 页。

发展道路，不是外交辞令，不是权宜之计，不是战略模糊，而是思想自信和实践自觉的有机统一，是坚定不移的战略选择和郑重承诺。"但这并不意味着在涉及人民群众和国家根本利益时我们会一味退让，因为以退让求团结则团结亡，合理的斗争是争取团结的有效途径。对此，习近平总书记鲜明地指出："我们要坚持走和平发展道路，但决不能放弃我们的正当权益，决不能牺牲国家核心利益。任何外国不要指望我们会拿自己的核心利益做交易，不要指望我们会吞下损害我国主权、安全、发展利益的苦果。"① 中华民族从不是好战民族，但绝不怕战。一旦有不法分子、分裂势力等妄图损害我国核心利益，我们必定坚决捍卫底线原则，给予强烈回击，在涉及原则问题上坚决寸步不让。

（二）坚持有利原则

坚持有利原则就是遵循胜利原则。毛泽东说："不斗则已，斗则必胜，决不可举行无计划无准备无把握的斗争。"② 若是在斗争中，不能让对方"长记性"，他们不会轻易罢手，甚至会得寸进尺、变本加厉。唯有在斗争和角逐中进行强有力的回击，才能让对方明白，企图挑衅我们的底线原则必将付出沉重代价。甚至在斗争期间，有必要展示出舍我其谁、宁为玉碎不为瓦全的决心和气魄，才能迫使对方调整战略，从而捍卫我方的核心利益。以对越自卫反击战为例。1978 年，越南单方面在北方不断蚕食中越边境，对我国西南地区的安全造成了严重威胁。1979 年初，中国多次向越南严正警告，但越南自以为有超

---

① 《习近平谈治国理政》第 1 卷，外文出版社 2018 年版，第 247 页。
② 《毛泽东选集》第 2 卷，人民出版社 1991 年版，第 749 页。

级大国苏联撑腰，有恃无恐，对我国的警告熟视无睹，甚至把我国的克制当作软弱。"是可忍，孰不可忍！"1979 年 2 月 17 日，遵照中央军委的命令，中国人民解放军对侵犯我国领土主权的越南军队进行自卫反击，在短时间内攻破了越南北部 20 余个重要城市和县镇，一个月内便宣告取得胜利。通过对越自卫反击战，中国达到了预期的作战目的，对于保护中国国家主权和领土完整以及东南亚地区乃至世界的和平与稳定都有重要的意义。从这一事例中可以看出，斗争中须掌握火候，坚持有利原则。

（三）坚持有节原则

有节原则即适时休战原则。毛泽东指出："在一个时期内把顽固派的进攻打退之后，在他们没有举行新的进攻之前，我们应该适可而止，使这一斗争告一段落……决不可无止境地每日每时地斗下去，决不可被胜利冲昏自己的头脑。这就是每一斗争的暂时性。"[①] 这意味着，斗争不是无休止的，得着眼于战略全局，必要时要有所节制。"事情有大道理，有小道理，一切小道理都归大道理管着。"[②] 不忘初心使命，为人民谋幸福，为民族谋复兴，建设社会主义现代化强国，这就是我们正在进行的"大道理"。要做到有节原则，就要坚持目标与手段的有机统一，不能偏离目标的正确航向。在斗争取得预期效果后，要适度收放。若是为了斗争而斗争，抑或被眼前的胜利冲昏了头脑，极有可能将原本可以争取的对象推向反面，得不偿失。"在他们

[①]《毛泽东选集》第 2 卷，人民出版社 1991 年版，第 749 页。
[②]《毛泽东选集》第 2 卷，人民出版社 1991 年版，第 348 页。

举行新的进攻之时，我们才又用新的斗争对待之。"① 也就是说，既要坚持合作的意向，不首先背叛对方，又要坚定捍卫自身的核心利益。当遭到恶意挑衅时必须"该出手时就出手"，但只要双方再次达成合作意向，我们仍然要以宽广的胸襟打开合作的大门。例如，在近些年的中美贸易战中，我们从不主动、盲目地扩大双方的争议范围或升级矛盾，而是根据美方的行动有节制、有针对性地提出同等力度的反制措施，既要让美国为自己的错误言行付出代价，同时也要为今后的再度合作留有斡旋空间。

三、 依据形势变化， 调整斗争策略

依照具体情况及时调整斗争策略是我们党在长期历史实践中形成的宝贵经验。正如习近平总书记所言，"要根据形势需要，把握时、度、效，及时调整斗争策略"②，这也是具体问题具体分析、实事求是的原则在斗争方法论中的体现。

（一） 讲求实际效果， 调整斗争策略

实践是检验真理的唯一标准。斗争的方案、策略一旦确定，就要贯彻落实。但没有任何一种斗争策略可以一劳永逸地解决问题，斗争实效是评判斗争举措的根本准则。现阶段我国已进入全面深化改革的攻坚期，新矛盾、新问题、新挑战不断涌现。对此，习近平总书记指

出，"世界每时每刻都在发生变化，中国也每时每刻都在发生变化"①，"坚持实事求是，就能兴党兴国；违背实事求是，就会误党误国"②。这表明，我们在进行斗争时，一定不能唯心主义、受主观因素束缚，而要在斗争实践中将不合时宜的思想观念尽早剔除，不断根据形势发展完善斗争策略，从而在新的历史条件下达到斗争策略与效果的统一。

(二) 善于把握质量互变，调整斗争策略

斗争的发展是量变与质变的相互转化。在具体实践中，我们既要注重量，更要关注质，在量与质的统一中开展斗争。因此，要把握好斗争的"度"，即掌握"适度"原则，注意斗争程度和斗争火候的拿捏。而要想掌握好斗争的度，就要精准把握斗争过程的各个关键节点。恩格斯说："在这些关节点上，运动的量的增加或减少会引起相应物体的状态的质的变化，所以在这些关节点上，量转化为质。"③ 当量变足以转化为质变时，要不失时机地主动出击，促成事物的质变；当量变不足以发生质变时，切记要戒骄戒躁，以足够的耐心继续开展细致的调研考察工作，为日后的质变作准备。正如习近平总书记所言："在制定有关政策、确定有关举措时把握好度，掌握好平衡点。"④

①《习近平谈治国理政》第 3 卷，外文出版社 2020 年版，第 21 页。

② 习近平：《坚持实事求是的思想路线》，《学习时报》2012 年 5 月 28 日。

③《马克思恩格斯选集》第 3 卷，人民出版社 2012 年版，第 905 页。

④ 习近平：《之江新语》，浙江人民出版社 2007 年版，第 159 页。

（三）注重审时度势，调整斗争策略

《孙子兵法》曰："善战者，求之于势。"就是说要善于谋势、顺势，才能取得斗争胜利。毛泽东指出："当革命的形势已经改变的时候，革命的策略、革命的领导方式，也必须跟着改变。"[①] 水无常形，兵无常势，面对发展变化的实践形势，必须实事求是地制定恰当的斗争举措，并在斗争过程中根据斗争本身的发展不断调整策略。改革开放之初，邓小平审时度势，顺应国内外发展的新变化，把工作重心转移到经济建设上，为社会主义的发展支出"关键一招"。党的十八大以来，面对百年未有之大变局，习近平总书记深刻指出："当前和今后一个时期，我国发展进入各种风险挑战不断积累甚至集中显露的时期，面临的重大斗争不会少……而且越来越复杂。"[②] 因此，新时代的中国共产党人仍要审时度势，统筹国内国际两个大局，综合运用一切积极有利因素，既要坚持原则、敢于亮剑，又要在制定策略时灵活机动。

四、坚持斗争求团结和谐

坚持在斗争中求团结是唯物辩证法关于否定之否定规律在实践中的应用，也是统一战线的基本规律，表明斗争过程是曲折性和前进性的统一。毛泽东指出："统一不忘斗争，斗争不忘统一，二者不可偏

---

①《毛泽东选集》第 1 卷，人民出版社 1991 年版，第 152 页。
②《习近平谈治国理政》第 3 卷，外文出版社 2020 年版，第 226 页。

废，但以统一为主，'磨而不裂'。"① 共产党员要善于为争取团结而斗争，以斗争求团结和谐。

坚持斗争团结的辩证关系，就要克服割裂团结斗争二者关系的形而上学。形而上学的观点认为，既然讲团结就不存在斗争，或是有斗争就不会有团结，这种观点难免会犯"左"倾错误或右倾错误。对此，毛泽东强调："只有斗争，不要团结是'左'倾错误；只有团结，不要斗争，是右倾错误。这两种错误我们党都犯过，经验很痛苦。"② 第一次大革命后期，我们一味求团结，放弃了斗争；到了土地革命战争后期，则是一切为了斗争，否认了团结。这无疑都给中国革命带来巨大损失。在国外，一些共产党也犯过类似错误。例如 20 世纪 70 年代，柬埔寨共产党领导人波尔布特在执政期间处理城乡关系、政治经济文化等一系列问题时简单粗暴，四面出击，只讲斗争，不讲团结，党群关系一度势同水火，最终被迫于 1981 年底下台。这些深刻的历史教训值得我们反思。毛泽东在《目前抗日统一战线中的策略问题》中强调："斗争是团结的手段，团结是斗争的目的。以斗争求团结则团结存，以退让求团结则团结亡。"③ 这就是说，斗争本身并不是唯一目的，斗争是为了争取更多可以团结的力量，避免犯"左"或右的错误，从而统一意志、争取团结、凝聚力量，最终化解双方矛盾，维护和平稳定，打造和谐美好的环境。

斗争团结规律，是具有客观评判标准的，那就是看是否损害了广大人民群众的根本利益，是否影响了全国各族人民的信心和士气，是

---

① 《毛泽东文集》第 2 卷，人民出版社 1999 年版，第 222 页。
② 《毛泽东文集》第 7 卷，人民出版社 1999 年版，第 135 页。
③ 《毛泽东选集》第 2 卷，人民出版社 1991 年版，第 745 页。

否阻碍了中华民族伟大复兴进程。脱离了这些评判标准，就可能导致斗争的滥用。党的十八大以来，以习近平同志为核心的党中央开展了声势浩大的反腐败斗争，因为腐败问题已经严重影响到我们党的权威和形象，触及了人民群众的根本利益。对此，习近平总书记指出，必须以猛药去疴、重典治乱的决心，以刮骨疗毒、壮士断腕的勇气，以零容忍的态度反腐败。正是因为有了这样的决心和气魄，我们党最终取得了反腐败斗争的压倒性胜利，党风政风为之一新，党心民心为之一振，确保了新征程上中国共产党能够引导和组织广大群众为实现国家富强、民族振兴的宏伟目标而奋斗。

第四章

新征程上中国共产党必须继续坚持斗争

习近平总书记强调："敢于斗争是我们党的鲜明品格。我们党依靠斗争走到今天，也必然要依靠斗争赢得未来。"百年来，党扫除的一切障碍、创造的一切成就，依靠的都是浴血奋战、发愤图强、锐意进取的伟大斗争，斗争贯穿于中国革命、建设、改革全过程。在新时代新征程上，面对一系列来自国际国内的重大风险挑战，我们党必须继续坚持斗争，发扬斗争精神，从具有许多新的历史特点的伟大斗争出发，总结过往丰富经验，做好长期斗争准备，依靠守正创新的伟大斗争不断完善和发展自我，战胜前进道路上的各种艰难险阻，实现中华民族伟大复兴的中国梦。正如习近平总书记在党的二十大报告中所说："增强全党全国各族人民的志气、骨气、底气，不信邪、不怕鬼、不怕压，知难而进、迎难而上，统筹发展和安全，全力战胜前进道路上各种困难和挑战，依靠顽强斗争打开事业发展新天地。"

第一节　百年未有之大变局要求继续坚持斗争

中国特色社会主义进入新时代以来，我国外部环境发生了深刻而复杂的变化，国际上不稳定、不确定因素增多，国际环境动荡不安、变化多端，"保护主义、单边主义上升……世界进入动荡变革期"①，百年未有之大变局不断加速演变。所以习近平总书记强调："当今世界正处于百年未有之大变局，我们党领导的伟大斗争、伟大工程、伟大事业、伟大梦想正在如火如荼进行，改革发展稳定任务艰巨繁重，我们面临着难得的历史机遇，也面临着一系列重大风险考验。胜利实现我们党确定的目标任务，必须发扬斗争精神，增强斗争本领。"② 面对大变局下艰巨而伟大的斗争，我们党必须接续继承和发扬好党的斗争精神这一宝贵精神财富，坚持斗争、不懈斗争、顽强斗争，在百年未有之大变局中立于主动，于变局中开新局。

一、何谓百年未有之大变局

"百年未有之大变局"是习近平总书记近年来在多个场合多次提及和强调的崭新命题，是以马克思世界历史理论为指导，针对国际形势变化、国际格局变迁和世界整体发展态势所作出的准确而重大的判

---

① 习近平：《在深圳经济特区建立 40 周年庆祝大会上的讲话》，人民出版社 2020 年版，第 6 页。
②《习近平谈治国理政》第 3 卷，外文出版社 2020 年版，第 225 页。

断。2017 年 12 月 28 日，习近平总书记在驻外使节工作会议上指出："放眼世界，我们面对的是百年未有之大变局。"① 2018 年 9 月 3 日，习近平总书记对百年未有之大变局的特征作出了深刻阐述，指出"当今世界正在经历百年未有之大变局。世界多极化、经济全球化、社会信息化、文化多样化深入发展，全球治理体系和国际秩序变革加速推进，新兴市场国家和发展中国家快速崛起，国际力量对比更趋均衡，世界各国人民的命运从未像今天这样紧紧相连"②。这些重要结论表明，在我国处于新的历史方位的同时，世界也处在一个重要转折点上。面对百年未有之大变局，我们应准确把握其丰富内涵与发展趋势，以把握时代特征、适应时代发展。

百年未有之大变局从字面上看至少涵盖以下四个层面：第一，世界格局是不稳定的，是变化着的；第二，世界格局的这一变化经历了百年的历史时段；第三，世界格局变化很大，各种矛盾叠加交织，全球动荡源和风险点增多；第四，世界格局出现的这种变化是百年来最大的，前所未有。所以概括来说，百年未有之大变局就是当前国际格局、国际体系、全球治理体系、国际力量对比等正在发生近代以来最具革命性的调整、变革和变化，其本质是国际力量对比发生重大变化而引发的国际格局的大洗牌和国际秩序的大调整。

从内涵上看，百年未有之大变局之"变"主要体现在以下几个方面。一是全球化进程不断加快，同时世界各国文明开放包容、多元互鉴，多样性更加彰显。二是国际力量对比更趋均衡，新兴市场国家和

①《习近平谈治国理政》第 3 卷，外文出版社 2020 年版，第 421 页。
② 习近平：《携手共命运 同心促发展——在二○一八年中非合作论坛北京峰会开幕式上的主旨讲话》，《人民日报》2018 年 9 月 4 日。

发展中国家在国际体系中的地位和影响力逐步提高，多极化进程稳步推进。三是世界经济中心正"自西向东"加快位移，世界经济格局由"大西洋时代"演变为大西洋和太平洋的"两洋并举时代"。四是新一轮科技革命和产业变革方兴未艾、深入发展，人类生产力布局发生根本变化。五是全球治理体系向更加公正合理的方向发展，全球治理话语权也日益向发展中国家倾斜。六是人类社会发展面临的不确定因素增多，"地区冲突频繁发生，恐怖主义、难民潮等全球性挑战此起彼伏，贫困、失业、收入差距拉大，世界面临的不确定性上升"[1]。

从更广阔意义上而言，百年未有之大变局既可以从横向上将我国与世界作比较，也可以从纵向上对党的百年进行回顾。从横向看，百年未有之大变局是指百年来中国与世界关系的一个巨大变化与变迁。这在其后有所阐述，此处不做赘述。从纵向看，百年未有之大变局则是指我们党百年来创造和推动一个又一个阶段性历史变局进而走向当前空前大变局的一个历史过程。一百年前，中国这一东方大国在世界上的地位和形象可谓惨不忍睹，但自中国共产党诞生这一开天辟地的大事变开始，近代以后中华民族的发展方向和进程、中华民族的前途命运乃至世界历史的发展趋势和格局都发生了深刻改变。从此以后，中国共产党团结带领全体中国人民进行了艰苦卓绝的长期斗争，完成了新民主主义革命和社会主义革命，进行了改革开放新的伟大革命，建立了中华人民共和国，建立了社会主义基本制度，开辟了中国特色社会主义道路。这一过程历经了开天辟地、惊天动地、改天换地到翻天覆地的历史大变局，形成了历史与逻辑相互统一、相互融会、相互

---

①《习近平谈治国理政》第 2 卷，外文出版社 2017 年版，第 476 页。

契合的一个演进过程。可以说，这一系列的积累和叠加，昭示了中华民族伟大复兴的宏伟目标，而这正是百年未有之大变局最确切的含义所在。

二、 百年未有之大变局中的中国机遇和挑战

任何事物都具有两面性，任何变化都会带来不确定性。世界面临的百年未有之大变局既给我国带来了机遇，也带来了挑战。习近平总书记指出："当前，我国处于近代以来最好的发展时期，世界处于百年未有之大变局，两者同步交织、相互激荡。"① 这既是对世界局势和中国发展历史方位的重大战略判断，又揭示了我国发展面临机遇和挑战并存、压力与动力同在的现实状况。

当前中国的发展面临千载难逢的历史大机遇，这归根到底来源于国际经济政治发生的大变化。百年来，中华民族迎来了从站起来、富起来到强起来的伟大飞跃，我国已经成为世界大国，世界地位举世瞩目，中华民族伟大复兴也已曙光初现。同时，第四次科技和产业革命正席卷全球，为中国发展注入了新的动力，极大改变着中国，成为我国提高综合国力和国际竞争力的最大战略机遇。这都使我国发展仍处于并将长期处于重要战略机遇期，表明当前时与势都偏向于中国，这是百年未有之大变局下我国发展的有利条件。

但与此同时，中国的发展也面临着许多难以预料的严峻挑战，这种挑战主要来自大国战略博弈。中国作为新兴大国，被美国等西方国

---

①《习近平谈治国理政》第 3 卷，外文出版社 2020 年版，第 428 页。

家视为战略竞争对手，且遭遇了它们长期而高压的遏制，这阻碍了中国实现中华民族伟大复兴的进程。所以，如何应对美国等西方国家的战略竞争压力和防止自身在参与全球治理和治理体系改革过程中的战略透支，对中国是一个重大考验。同时，2008 年金融危机引发的世界性的逆全球化浪潮，阻碍了中国的对外开放，尤其是新冠病毒肺炎的全球大流行造成了世界经济的衰退，加深了各国内部及各国之间的矛盾和冲突，导致极端民族主义、民粹主义泛滥，加速了逆全球化的浪潮，对我国利用国际市场促进自身发展产生了严重影响。这是百年未有之大变局下我国发展的不利条件和重大挑战。

在机遇与挑战并存的境遇下，我们党应当认识世界发展大势，紧跟时代潮流，树立忧患意识，勇于化危为机，于大变局中牢牢抓住我国发展的历史机遇，战胜我国发展的重大挑战。

三、 应对百年未有之大变局必须强化斗争意识

当前，世界百年未有之大变局进入加速演变期，世界形势风云变化，中国特色社会主义也进入了新时代，形成了两种制度并存与斗争的"大时代"与"新时代"叠加交织的特殊历史情境。[1] 习近平总书记多次指出："当今世界正经历百年未有之大变局，我国正处于实现中华民族伟大复兴关键时期，我们党正带领人民进行具有许多新的历史特点的伟大斗争，形势环境变化之快、改革发展稳定任务之重、矛盾风险挑战之多、对我们党治国理政考验之大前所未有。"[2] 面对世界

---

① 金民卿：《"两个时代"叠加交织的特殊历史情境与新的伟大斗争》，《红旗文稿》2019 年第 5 期。
②《习近平谈治国理政》第 3 卷，外文出版社 2020 年版，第 537 页。

百年难遇的时代大变局和民族复兴战略全局相互交织的复杂形势，我们党要实现既定的目标任务就必须进行新的伟大斗争，以敢于斗争的精神状态攻坚克难，直面遇到的问题与挑战，变外部压力为实现内部高质量发展的动力，"通过斗争维护核心利益和关键利益，通过斗争防范各种风险和挑战"①，从而在百年未有之大变局中取得主动，赢得胜算。

从国内层面看，我们党要深刻认识这一变局给现代化强国和民族复兴伟大目标实现带来的复杂性、艰巨性和长期性，以"长风破浪会有时，直挂云帆济沧海"的无畏胸怀进行新时代的伟大斗争，发扬艰苦奋斗精神和改革创新精神，调动一切可以调动的力量，团结一切可以团结的势力，进一步扩大对外开放，深化改革创新，在新一轮科技革命中创新引领发展，扫清建设社会主义现代化强国和推动构建人类命运共同体过程中的一切荆棘和障碍，积极寻求应对百年未有之大变局的中国方略，牢牢把握战略战术上的主动权，彰显新时代中国特色社会主义的理论影响力和现实感召力。

从国际层面看，我们党要始终保持战略定力，强化敢于直面矛盾和解决新问题的斗争意识，发扬斗争精神，增强斗争本领，以斗争姿态迎接百年未有之大变局，在方向、立场、道路等事关重大原则的问题上坚守底线、不越红线，同一切不利于世界和平稳定和共同发展的因素作斗争。面对西方敌对势力与恐怖主义、分裂主义和极端主义相勾结，并企图侵犯我国领土、干扰我国政治秩序的行径，我们党必须不留余地地严厉回击，维护我国主权、领土完整和尊严。同时要对外

---

① 于洪君主编：《理解"百年未有之大变局"》，人民出版社 2020 年版，第 139 页。

部势力的无端指责和攻击予以反击，敢于亮剑，理直气壮地揭示其错误言行，有理有利有节地进行顽强斗争。只有在固本培元的基础上敢于同逆全球化力量、霸权主义和强权政治以及阻碍人类命运共同体建设的各种敌对势力进行伟大斗争，才能应对好百年未有之大变局，战胜一切风险挑战。

第二节 实现伟大梦想要求继续坚持斗争

经过党和人民长期艰苦卓绝的斗争，新时代中国共产党团结带领中国人民迎来了实现中华民族伟大复兴中国梦的光明前景，中华民族正以崭新的面貌屹立于世界民族之林，中国迎来了民族复兴的最佳历史机遇。但任何伟大事业的成功从来都不是一帆风顺的，必然充满各种风险与挑战。当前，我国改革发展稳定任务之重、矛盾风险挑战之多都前所未有，给伟大梦想的实现带来了诸多阻力，需要我们党带领人民依靠长期斗争将其克服。所以习近平总书记反复强调："中华民族伟大复兴，绝不是轻轻松松、敲锣打鼓就能实现的，实现伟大梦想必须进行伟大斗争。"① 这就要求我们党要继续发扬斗争精神，提高斗争本领，不断夺取新时代中国特色社会主义事业新的伟大胜利，为实现中华民族伟大复兴的中国梦砥砺奋斗。

---

① 《习近平谈治国理政》第 3 卷，外文出版社 2020 年版，第 225 页。

一、 实现中华民族伟大复兴是近代以来最伟大的梦想

"中国是一个有着五千多年文明史的文明大国，在历史上曾长期走在世界前列。"在世界四大文明即古巴比伦文明、古埃及文明、古印度文明和中华文明中，中华文明是唯一没有中断且保存至今仍具有巨大生命力的文明，这在世界上是绝无仅有的。曾几何时，中国的四大发明造福全世界。据统计，16 世纪前，在影响人类生活的约 300 项重大科技发明中，中国的发明就占了 175 项。对此，英国李约瑟在《中国科学技术史》中还赞扬道："在现代科学技术登场前十多个世纪，中国在科技和知识方面的积累远胜于西方。"[1]

近代以后，由于西方列强的入侵和封建政治的腐败，中华民族落伍了，中国逐渐成为半殖民地半封建社会，并且遭受了深重苦难。值此危难时刻，无数仁人志士挺起脊梁、奋起抗争，为救亡图存、争取民族独立、实现中华民族伟大复兴进行了不懈探索，展开了一场场气壮山河的斗争，谱写了一部部可歌可泣的历史篇章。从 1840 年鸦片战争到五四运动期间，中国社会各阶级、各阶层和各种政治力量都曾试图挽救中华民族于危亡之中，但无论是太平天国运动、洋务运动，还是维新变法运动、义和团运动，大都以失败告终，并没有改变旧中国的社会性质，也没有彻底改变中国人民积贫积弱、受人欺凌的悲惨命运。自此，实现中华民族伟大复兴作为千百年来萦绕在中国人灵魂深处的呐喊，成为近代以来每一个中华儿女魂牵梦绕的夙愿。

---

[1] 曲青山：《实现中华民族伟大复兴是近代以来中华民族最伟大的梦想》，《人民日报》2017 年 11 月 29 日。

1921 年 7 月中国共产党诞生后，中华民族伟大复兴的中国梦有了坚强领导核心。中国共产党一经成立，就义无反顾地肩负起实现民族复兴伟大梦想的历史使命，不屈不挠、前仆后继，为国家、民族和人民作出了伟大贡献，创造了一个个彪炳史册的人间奇迹。2016 年，习近平总书记在青海调研时指出：“共产党人没有自己的私人利益，追求的是共产主义远大理想和中国特色社会主义共同理想，追求的是中华民族伟大复兴。”在新民主主义革命时期、社会主义革命和建设时期、改革开放和社会主义现代化建设新时期和中国特色社会主义新时代四个历史时期里，我们党领导中国人民一路顽强战斗、接续奋斗，先后完成了救国、兴国、富国、强国四件大事，深刻改变了近代以后中华民族发展的方向和进程，完成了中华民族有史以来最为广泛而深刻的社会变革，实现了中华民族由近代不断衰落到根本扭转命运、持续走向繁荣富强的伟大飞跃，从根本上改变了中华民族和中国人民的前途命运，为实现中华民族伟大复兴提供了根本前提和坚实基础，迎来了光明前景。

二、 实现伟大梦想绝不轻松

马克思说：“如果斗争只是在机会绝对有利的条件下才着手进行，那么创造世界历史未免就太容易了。”[①] “中华民族要打赢的不是一场战斗，也不是一场战役，而是一场民族复兴的战争；中国人民要谋划的不是当下 5 年，也不是今后 10 年，而是未来 30 年的历史蓝图；中

---

①《马克思恩格斯文集》第 10 卷，人民出版社 2009 年版，第 354 页。

国要实现的不是哪一个方面的强大，而是整体强大，并以中国方案引领世界变革。"① 这就表明，在实现中华民族伟大复兴的前进道路上必然会遇到各种可以预见或难以预见的风险和挑战，并且面临的风险考验不会减少，只会越来越多、越来越复杂，甚至还会遇到各种难以想象的惊涛骇浪。这些风险考验不仅有国际国内的，还有自然界和党内的；不仅有政治、经济、文化、社会、生态的，还有军事、外交、意识形态的。

首先，国际范围内的风险挑战主要表现为西方敌对势力对我国的各种渗透和打压以及全球性的经济和安全等问题。比如，"政治领域没有枪炮的较量一直未停"②，西方敌对势力不断加大对我国的渗透、西化和分化力度，从未停止对中国共产党的领导和中国社会主义制度的攻击、破坏活动；"意识形态领域看不见硝烟的战争无处不在"③，以美国为首的部分西方国家大肆散播虚假舆论，企图在我国策划"颜色革命"，进行和平演变，有的甚至还联于挑衅、围堵、打压和遏制中国。再比如，我国周边地区不稳定和不安全风险增多，存在诸多潜在的地缘政治热点问题，既有传统的核战争和军备控制问题，也有非传统的核扩散风险；国际上几乎每 10 年爆发一次全球性金融危机，导致全球经济衰退，同时世界逆全球化思潮、保护主义、恐怖主义、局部动荡、网络安全、难民问题、疫情防控等威胁不断蔓延。这些都是世界大发展大变革大调整过程中充满的风险挑战，也是中华民族实现伟大梦想进程中的阻碍因素。

---

① 李冉：《实现强党方略与强国方略的统一——论新时期四个"伟大"任务的内在逻辑》，《毛泽东邓小平理论研究》2017 年第 9 期。

② 《习近平关于社会主义政治建设论述摘编》，中央文献出版社 2017 年版，第 18 页。

③ 《习近平关于社会主义政治建设论述摘编》，中央文献出版社 2017 年版，第 18 页。

其中，尤其是美国企图通过贸易战等卑劣行径阻遏我国民族复兴的伟大进程。美国多数政客或学者偏向于从西方视角理解和认识中美关系，执拗地坚信"修昔底德陷阱"。然而，回望西方历史，尽管西方曾涌现出亚历山大大帝、恺撒大帝、查理大帝、拿破仑、墨索里尼、希特勒等人物，但欧洲却从未真正统一，而是处于一个大国博弈、弱肉强食、强国称霸、战火纷飞的混乱局面。转观东亚古代历史，东亚地区长期处于和平共处、和谐共存的有序友好状态，并且中国作为自古热爱和平的国度，处于东亚地区中心，对其和平发展作出了巨大贡献。而美国对于这些却视而不见，还固执地认为守成大国和新兴大国间不可避免有一战。所以当我国 GDP 超过美国的 60% 时，美国便开始打压中国，以贸易逆差为幌子挑起中美贸易战，将围堵和阻遏我国的野心暴露得一览无余。

其次，国内范围的风险挑战主要表现在经济、政治、社会、意识形态、党建等方面。比如，我国社会主要矛盾尚未得到根本解决，发展不平衡不充分的突出问题依然存在，人民群众对美好生活的向往还未得到完全满足；经济上还存在着总需求不足、产能相对过剩、隐性风险显露、发展不协调不可持续问题突出等各种"绊脚石"；社会上存在的不确定性不稳定性因素也在不断增加；党内存在的"四大危险"，尤其是消极腐败危险等突出问题尚未从根本上得到解决；同时重大疫情、重大传染性疾病、重大自然灾害等自然界范围的风险也时有发生。这些都"是我国由大向强发展进程中无法回避的挑战，是实现中华民族伟大复兴绕不过的门槛"[1]。

---

[1] 中共中央党校（国家行政学院）：《习近平新时代中国特色社会主义思想基本问题》，人民出版社、中共中央党校出版社 2020 年版，第 344 页。

在充满不确定性、复杂性的新时代，民族复兴路上障碍重重、困难多多，意味着实现伟大梦想绝不轻松，并且越是接近民族复兴，实现这一目标就越不轻松。所以习近平总书记强调："今天，我们比历史上任何时期都更接近、更有信心和更有能力实现中华民族伟大复兴的目标，同时必须准备付出更为艰巨、更为艰苦的努力。"① 只有坚持不懈进行具有许多新的历史特点的伟大斗争，才能克服一个又一个困难，实现中华民族复兴的伟大梦想。

三、 实现伟大梦想必须敢于斗争

"空谈误国，实干兴邦。"② "伟大梦想不是等得来、喊得来的，而是拼出来、干出来的。"③ 中华民族伟大复兴的中国梦是一项光荣的事业，也是一项艰巨的任务，需要一代代中国人民共同为之努力奋斗。在千帆竞发、百舸争流的新时代，"要战胜前进道路上的各种风险挑战，没有斗争精神不行"④。只有坚持开展伟大斗争，才能守住中国特色社会主义事业所取得的丰硕成果，才能推进全面建设社会主义现代化强国的进程，从而不断接近直至实现中华民族伟大复兴。

"敢于斗争、敢于胜利，是中国共产党不可战胜的强大精神力量。"⑤ 回顾百年复兴路，我们党靠着坚强不屈的斗争精神领导全国各族人民心往一处想、劲往一处使，齐心协力为实现伟大梦想坚持斗

---

① 习近平：《在庆祝中国共产党成立100周年大会上的讲话》，人民出版社2021年版，第17页。
② 习近平：《承前启后 继往开来 朝着中华民族伟大复兴目标奋勇前进》，《人民日报》2012年11月30日。
③ 习近平：《在庆祝改革开放40周年大会上的讲话》，新华网2018年12月18日。
④《习近平谈治国理政》第3卷，外文出版社2020年版，第101页。
⑤ 习近平：《在庆祝中国共产党成立100周年大会上的讲话》，人民出版社2021年版，第17页。

争、积极奋进，取得了不朽辉煌。习近平总书记强调："以史为鉴、开创未来，必须进行具有许多新的历史特点的伟大斗争。……实现伟大梦想就要顽强拼搏、不懈奋斗。"① 展望未来复兴梦，我们党必须充分认识到实现伟大梦想的艰巨性、复杂性和长期性，未雨绸缪，做好充分和长期斗争的准备，坚决与危害我国实现民族复兴伟大梦想的不利因素进行斗争，不断攻坚克难、披荆斩棘，"以永不懈怠的精神状态和一往无前的奋斗姿态，继续朝着实现中华民族伟大复兴的宏伟目标奋勇前进"②，让斗争精神成为伟大复兴中国梦的精神动力源泉，以斗争精神集聚实现民族复兴的恢宏力量，为伟大梦想的愿景护航并作出新的贡献。正如习近平总书记所言："凡是危害我国实现'两个一百年'奋斗目标、实现中华民族伟大复兴的各种风险挑战，只要来了，我们就必须进行坚决斗争，而且必须取得斗争胜利。"③

第三节　建设社会主义现代化强国
要求继续坚持斗争

中国特色社会主义进入新时代，久经磨难的中华民族终于迎来了从"站起来""富起来"到"强起来"的伟大飞跃，中国现代化道路也经历了从救国、立国、兴国到强国的探索和变迁，由此，建成社会

---

① 习近平：《在庆祝中国共产党成立 100 周年大会上的讲话》，人民出版社 2021 年版，第 17 页。
②《习近平谈治国理政》第 3 卷，外文出版社 2020 年版，第 2 页。
③《发扬斗争精神增强斗争本领 为实现"两个一百年"奋斗目标而顽强奋斗》，《人民日报》2019 年 9 月 4 日。

主义现代化强国被时代发展推上了日程，成为夺取新时代中国特色社会主义伟大胜利不可或缺的重要组成部分。但世界历史发展的实践已然证明，从发展中国家迈向现代化国家是一个巨大挑战，尤其对于人口规模巨大、区域差别显著、发展不平衡的中国而言，建设现代化强国道路上势必会遇到无数可以预料和难以预料的"娄山关"和"腊子口"，并且越接近强国目标，困难和风险就越复杂严峻。这就要求中国共产党必须在新征程上以坚韧的斗争精神带领中国人民不懈奋斗、奋发图强、开拓进取，不断克服困难，将全面建设社会主义现代化强国推向前进。

一、 走向 "强起来" 的强国新时代

一代人有一代人的苦难和记忆，一代人有一代人的责任和使命。富民强国从始至终都是中国共产党的历史使命，是我们党不懈斗争、奋勇拼搏的伟大目标和强大动力。新时代，习近平总书记根据国际国内形势发展变化，标定了我国发展的崭新历史方位，提出了全面建设社会主义现代化强国的历史任务。这标志着中国已经进入"强起来"的新时代，正从世界大国迈向世界强国的行列。

近代以后，俄国十月革命的胜利使当时救亡图存、寻求民族复兴的仁人志士意识到西方现代化道路并非唯一道路，我国现代化道路尽管刚刚起步，但却可以走不同于西方的另一种道路。为此，中国共产党团结带领全国各族人民为寻找到适合我国的现代化道路进行了艰辛探索，历史性地开辟了中华民族迈向现代化的正确道路，并领导中国走向了现代化强国的新时代。

1921 年诞生的中国共产党在深入思考近代中国社会由传统向现代转型的历史命运之后，运用马克思主义基本原理科学把握了中国革命的具体实际，探索出了一条正确的革命道路，取得了新民主主义革命的胜利，完成了民族复兴的第一步——实现民族独立和人民解放，建立了中华人民共和国，确立了社会主义基本制度，从根本上变革了阻碍生产力发展的生产关系，为现代化建设扫清了障碍，开启了中国现代化的进程。社会主义制度确立后，我国开始完成民族复兴的第二步——实现国家富强和人民幸福。基于当时我国是经济落后的农业国，工业基础比较薄弱，中国共产党致力于建立先进的工业国，从而初步确立和形成了现代化的发展战略和发展方向。但由于缺乏社会主义建设经验，加之西方资本主义国家的敌视和封锁，当时我国的现代化沿用了苏联模式，试图找到社会主义现代化建设规律，最终却由于过度强调重工业导致经济发展失衡。这就促使我们党愈发意识到社会主义现代化建设不能照抄照搬别人，必须依据本国国情走自己的路，且不能将现代化完全等同于工业化。由此，党根据我国经济社会建设实际确定了"四个现代化"的社会主义现代化建设奋斗目标，有力推动了现代化建设的发展。改革开放后，中国共产党人依据我国生产力发展水平相对落后的现实国情，作出了将工作重点转移到社会主义现代化建设上来的战略决策，同时先后提出并践行了"中国式的现代化"、小康社会、"三步走"等现代化发展战略，[1] 逐步确立了建设"富强、民主、文明的社会主义现代化国家"[2] 的奋斗目标。经过党

---

① 钟慧容、刘同舫：《中国共产党现代化事业的百年历程与经验》，《北京师范大学学报（社会科学版）》2021 年第 4 期。

②《十四大以来重要文献选编（中）》，人民出版社 1997 年版，第 1510 页。

和人民的接续奋斗，中国现代化实现了前所未有的创举，推动了民族复兴的伟大进程。

党的十八大以来，我们党基于我国社会主义主要矛盾发生转变而社会主义初级阶段基本国情尚未改变的实际情况，制定了实现社会主义现代化强国的总体性远景目标，制定了从基本实现现代化到全面实现现代化的阶段性战略。在这一阶段，尽管我国社会主义现代化的发展仍有不充分和不平衡问题，但已经完成了农业文明向现代工业文明的整体性历史转型，也基本形成了中国特色社会主义现代化的独特样态，中国现代化方案展现出了新的发展形态，成为后发展国家建设现代化的参考。随着现代化建设事业的不断推进，中国综合国力不断迈上大台阶，我国已经进入从"富起来"到"强起来"的强国新时代，进入了全面建设中国特色社会主义现代化强国的时代。

二、 现代化强国的目标要求

新时代是复兴时代，亦是强国时代。2017年，党的十九大报告对2020年到本世纪中叶的奋斗目标作了阶段性的战略安排，提出了具体的强国目标，指出从2020年到2035年，在全面建成小康社会、实现第一个百年奋斗目标的基础上，再奋斗十五年，基本实现社会主义现代化，这是第一个阶段；从2035年到本世纪中叶，在基本实现现代化的基础上，乘势而上开启全面建设社会主义现代化国家新征程，再奋斗十五年，把我国建成富强民主文明和谐美丽的社会主义现代化强国，实现第二个百年奋斗目标，这是第二个阶段。[①] 可以看出，党的十九大规定了富强、民主、文明、和谐、美丽是社会主义现代化建设的总体目标和主要目标。党的十九大提出的新的战略安排表明，我国基本实现现代化目标的时间相比改革开放后提出的"三步走"战略目标所规定的时间提前了整整十五年。这主要是考虑到我国经济的持续健康发展和各项事业的全面进步，为 2035 年基本实现现代化打下了良好基础和坚实基础，同时也意味着现代化内涵的全面提升。

党的十九大报告为我国下一步发展提出新目标体现了两个显著变化：一是将目标内涵从"富强民主文明和谐"进一步拓展为"富强民主文明和谐美丽"；二是将目标本身从"社会主义现代化国家"变化为"社会主义现代化强国"。这既体现了党和国家对全面增进人民福祉的决心，也展现了新时代中国特色社会主义的强大自信。其中，社会主义现代化奋斗目标增加了"美丽"，丰富了社会主义现代化建设的重要内涵，有利于美丽中国的建设，同时使得"五位一体"总体布局与现代化建设目标更好对接，相互统一、相互对应，也表明人民对生态文明的美好期待更加突出。这就需要我们党牢固树立"绿水青山就是金山银山"的可持续发展意识，始终秉持"创新、协调、绿色、开放、共享"的新发展理念，加快利用政府、市场和社会三个维度着力进行生态制度建设，积极主动破解经济发展与资源环境之间的矛盾，坚持人与自然和谐共生，探索以生态优先、绿色发展为导向的高质量发展新路，坚决打赢污染防治攻坚战，建设美好家园，让广大人民群众在蓝天白云、青山绿水的优美环境中生活。

---

① 习近平：《决胜全面建成小康社会　夺取新时代中国特色社会主义伟大胜利》，《人民日报》2017 年 10 月 18 日。

　　具体来看，中国特色社会主义新时代所要建设的社会主义现代化强国包含了经济现代化、社会现代化、政治现代化、文化现代化、生态现代化、国防和军队现代化六个方面。① 值得注意的是，建设社会主义现代化强国，经济指标是最基础的，但不是唯一的。现代化强国应当是"五位一体"全面发展的一个综合指标体系。具体到现实实践中，党的十八大报告提出了建设人才强国、人力资源强国、社会主义文化强国、海洋强国的目标。党的十九大报告在此基础上又提出了建设制造强国、科技强国、质量强国、航天强国、网络强国、交通强国、贸易强国、体育强国、教育强国等十二个强国目标，进一步明晰了社会主义现代化强国的目标任务和建设方向。

三、 以斗争精神奋进社会主义现代化强国新征程

　　中国的现代化进程是发扬斗争精神、不断攻坚克难，追求和实现社会主义现代化的进程，是在与敌人、困难、风险的坚决、艰苦、持续的斗争中迈向现代化的进程。回首过去，我们之所以能够取得现代化建设的辉煌成就，是中国共产党始终保持昂扬向上、奋发进取的精神状态不断应对挑战、克服困难的结果。今天，我们比历史上任何时期都更接近、更有信心和能力实现社会主义现代化的伟大目标。在新的现代化征程中，面对更加严峻艰险的"草地"和"雪山"，中国共产党更加需要发扬斗争精神，"团结带领人民有效应对重大挑战、抵御重大风险、克服重大阻力、解决重大矛盾"②，为推进社会主义现代

---

① 方松华、马丽雅：《社会主义现代化强国目标及其建设方略研究》，人民出版社 2019 年版，第 78 页。
②《习近平谈治国理政》第 3 卷，外文出版社 2020 年版，第 12 页。

化强国建设提供力量支撑。

中国共产党在百年历史中通过坚持斗争精神为谋求现代化创造了独立自主的条件，破解了内外交迫的困境，制定了科学稳定的战略，使中国的现代化之路虽起始于薄弱的物质基础和严峻的外部环境中，但如今却朝着现代化强国的伟大目标迈进。建设社会主义现代化强国是实现中华民族伟大复兴的一个重要发展阶段，追求的是物质、制度、治理以及人的全面发展的全方位、高水平的现代化。同时，新阶段全面建设社会主义现代化国家面临的环境更加复杂、矛盾更加突出、挑战更加艰巨，并且目标更加宏大、要求更加全面、标准更加严格，这使如期实现现代化强国目标难度更大、任务更重。这都需要中国共产党不断坚定敢于斗争的意志，强化长期斗争的自觉，增强斗争本领，掌握斗争策略，一路披荆斩棘、砥砺前行，早日全面建成社会主义现代化强国。

"不以事艰而不为，不以任重而畏缩。"新时代，只要中国共产党人发扬钉钉子精神，求真务实、真抓实干，拿出踏石留印、抓铁有痕的劲头，以勇于突破、敢于变革的斗争精神，凝聚建设现代化强国的精神力量，强国目标就一定能实现。

第四节　推进全面从严治党要求继续坚持斗争

"治国必先治党，治党务必从严。"① 中国共产党是中国特色社会

____

① 《习近平谈治国理政》第2卷，外文出版社2017年版，第27页。

主义事业的坚强领导核心，是实现民族复兴中国梦的根本保证，党的领导是中国特色社会主义最本质的特征和中国特色社会主义制度的最大优势。党的十八大以来，以习近平同志为核心的党中央站在历史和全局高度，作出了全面从严治党的重大战略部署，为党和国家各项事业的发展提供了坚实保障。落实全面从严治党战略部署，推进党的建设伟大工程，必须进行伟大斗争。面对新时代党内出现的各种不正之风和腐败现象，我们党必须继续坚持斗争，将斗争精神融入全面从严治党全过程、各方面，为不断夺取伟大斗争新胜利提供坚强政治保障。

一、 坚持自我革命跳出历史周期率

2021 年 11 月在党的十九届六中全会上，习近平总书记指出："我们党历史这么长、规模这么大、执政这么久，如何跳出治乱兴衰的历史周期率？毛泽东同志在延安的窑洞里给出了第一个答案，这就是'只有让人民来监督政府，政府才不敢松懈'。经过百年奋斗特别是党的十八大以来新的实践，我们党又给出了第二个答案，这就是自我革命。"① 勇于自我革命是中国共产党独有而鲜明的政治品格，也是党百年奋斗的历史经验和风华正茂的基因密码。要跳出历史周期率，坚持自我革命是必然要求和必由之路。

历史上有一种治乱兴衰、往复循环的周期性难题，被称为人类政治史上的"哥德巴赫猜想"。在中国历史上，世袭王朝在建立之初都

---

① 习近平：《以史为鉴、开创未来 埋头苦干、勇毅前行》，《求是》2022 年第 1 期。

会出现政权稳定、繁荣兴盛的局面，但时间一久，统治者就会变得骄傲自满、骄奢淫逸，最终王朝便随之衰落下去，如此改朝换代、周而复始、循环不已，黄炎培先生称之为"历史周期率"。"历史周期率"源于1945年黄炎培与毛泽东在延安窑洞的对话。1945年7月，毛泽东和黄炎培两人在延安杨家岭的窑洞里推心置腹，纵论古今。毛泽东问黄炎培来延安考察的感想，黄炎培说："我生六十多年，耳闻的不说，所亲眼看到的，真所谓'其兴也勃焉'，'其亡也忽焉'，一人，一家，一团体，一地方，乃至一国，不少单位都没有能跳出这周期率的支配力。……中共诸君从过去到现在，我略略了解的了，就是希望找出一条新路，来跳出这周期率的支配。"毛泽东回答："我们已经找到新路，我们能跳出这周期率。这条新路，就是民主。只有让人民来监督政府，政府才不敢松懈。只有人人起来负责，才不会人亡政息。"[1] 两位智者的一问一答充满哲理和自信，也充满实际与忧患。毛泽东的"民主新路"之答表明他坚信只要坚持人民当家作主、实现人人参与负责的民主，就能防止贪污腐败，跳出"历史周期率"。

历史周期率是关乎中国共产党能否长期执政和国家能否长治久安的重要历史课题，也是我们党长期探索、接续回答的一大难题。从"民主新路"到"人民至上"，从"两个务必"到"初心使命"，再到"自我革命"，我们党从执政之初就开始深入思考并实践怎样跳出历史周期率。党的十八大以来，习近平总书记曾多次谈起毛泽东与黄炎培在延安的"窑洞对"，指出："勇于自我革命是我们党区别于其他政党的显著标志，是党跳出治乱兴衰历史周期率、历经百年沧桑更加充

---

[1]《毛泽东思想年编：1921—1975》，中央文献出版社2011年版，第439页。

满活力的成功秘诀。"① 也就是说，只有拿出"刮骨疗毒、壮士断腕"的勇气不断增强党的自我革命，才能跳出"其兴也勃焉、其亡也忽焉"的历史周期率，使我们党永葆生机活力。

二、 全面从严治党是勇于自我革命的显著标志

全面从严治党是党的建设的鲜明时代主题和必然要求，解决的是"如何管好党、治好党"的重大问题，是对新时代"建设什么样的党、如何建设党"等问题的实践回应。习近平总书记指出："勇于自我革命，从严管党治党，是我们党最鲜明的品格。"② 全面从严治党，"基础在全面，关键在严，要害在治"③，是全党自上而下的一场刀刃向内、壮士断腕的自我革命。全面从严治党和党的自我革命之间相互联系、不可分割。从一定意义上说，全面从严治党是党的建设在实践层面的要求，而自我革命更多是党的建设思想和精神层面的要求。就此而言，全面从严治党是中国共产党勇于自我革命的基本途径、深刻实践、伟大壮举和内在要求。对此，习近平总书记明确指出，"全面从严治党是一场伟大的自我革命"④，"是新时代党的自我革命的伟大实践，开辟了百年大党自我革命的新境界"⑤。

党的十八大以来，以习近平同志为核心的党中央大力推进全面从严治党，以刮骨疗毒、祛病疗伤的勇气，不断增强自我净化、自我完

①《中国共产党第十九届中央纪律检查委员会第六次全体会议公报》，《人民日报》2022 年 1 月 21 日。
②《习近平谈治国理政》第 3 卷，外文出版社 2020 年版，第 20 页。
③《习近平关于全面从严治党论述摘编》，中央文献出版社 2016 年版，第 11 页。
④《习近平新时代中国特色社会主义思想学习纲要》，学习出版社、人民出版社 2019 年版，第 222 页。
⑤《坚持严的主基调不动摇 坚持不懈把全面从严治党向纵深推进》，《人民日报》2022 年 1 月 19 日。

善、自我革新、自我提高的能力，将党的自我革命推向深入。全面从严治党取得的卓越成效让广大人民群众看到了我们党敢于自我革命的勇气和魄力，展现了中国共产党人应有的政治品质和精神本色。党的实践证明，以党的自我革命推进社会革命是我们党治国理政的重要方法论，推进全面从严治党是我们党自我革命的具体体现。①

全面从严治党是中国共产党自我革命的迫切需要，要求我们党必须以自我革新的政治魄力进行自我斗争，直面自身存在的问题，提高"检身若不及"的自觉，不断提高自身的战斗力和创造力，营造风清气正的政治生态，以"赶考"精神将全面从严治党引向深入。

三、 全面从严治党必须敢于斗争

"其身正，不令而行；其身不正，虽令不从。"（《论语·子路》）中国共产党是马克思主义政党，其革命性不仅在于能够推进伟大社会革命，还在于能够进行自我革命。所谓打铁还需自身硬，我们党要团结带领全国各族人民进行伟大斗争、推进伟大事业、实现伟大梦想，首先要敢于与自己作斗争，敢于自我革命，以更加顽强的斗争精神和更加坚定的斗争意志坚定不移推进全面从严治党，才能彻底自我革命，将自身建设得更加坚强有力。

党的十八大以来，中国共产党将全面从严治党置于中国特色社会主义战略布局的重要位置，以坚定的意志和凌厉的手段正风肃纪、反腐惩恶，通过"打虎""拍蝇""猎狐"等举措锲而不舍地进行自我

---

① 刘佳：《中国共产党"伟大斗争"研究》，人民出版社 2019 年版，第 49 页。

革命，党内政治生态明显好转，政治生态环境明显改善，反腐败斗争取得压倒性胜利并全面巩固。如 2021 年一整年，通过"打虎"，25 名中管干部落马，其中省部级有 19 人，包括正部级 2 人、副部级 17 人。这些举措清除了党内变质腐败分子，打扫了党内政治灰尘，消灭了党内政治微生物，不仅进一步提高了党的先进性和纯洁性，同时也充分彰显了我们党深入推进全面从严治党的坚定决心和必胜信心。

但从现实来看，我国取得的巨大成就和执政的长期稳定使党内出现了思想麻痹、精神松懈、脱离群众等不良倾向，党内还是存在许多亟待解决的问题。比如反腐败斗争的形势依旧严峻，各种滋生腐败的土壤还大量存在，"四风"问题仍未得到根本解决，政治生态的"污染源"也尚未根除，一些拜金主义、功利主义、个人主义、自由主义、享乐主义、好人主义、圈子主义、形式主义、码头文化等不良作风和现象也在一定程度上存在和蔓延。总体上，执政考验、改革开放考验、市场经济考验以及外部环境考验"四大考验"长期而复杂，精神懈怠危险、能力不足危险、脱离群众危险以及消极腐败危险"四种危险"尖锐而严峻，全面从严治党依然任重而道远。

面对新的形势，为持续不断地推进全面从严治党向纵深发展，我们党必须始终保持充沛顽强的斗争精神，"自觉加强斗争历练，在斗争中学会斗争，在斗争中成长提高，努力成为敢于斗争、善于斗争的勇士"①。具体而言，要敢于同一切弱化党的先进性、损害党的纯洁性的不良思想和行为作斗争，坚持原则、守住底线、激浊扬清，用"零容忍"态度和"强高压"力度惩治腐败，消除党内思想不纯、组织

---

① 《立志做党光荣传统和优良作风的忠实传人 在新时代新征程中奋勇争先建功立业》，《人民日报》2021 年 3 月 2 日。

不纯和作风不纯等突出问题，清除一切侵蚀党的健康肌体的毒素，经受住"四大考验"，应对好"四种危险"，不断提高党的执政能力和领导水平，"实现质量建党强党兴党的目标，夯实先锋队的地位"①。同时，全面从严治党是一场持久战，"不能有差不多了，该松口气、歇歇脚的想法，不能有打好一仗就一劳永逸的想法，不能有初见成效就见好就收的想法"②，要坚信全面从严治党永远在路上，坚持敢于斗争永远不停歇，将斗争精神在党内进行到底，以"不破楼兰终不还"的斗争决心和滚石上山、久久为功的斗争毅力，毫不动摇、持之以恒地推动全面从严治党取得更大战略性成果。

第五节　维护国家安全要求继续坚持斗争

维护国家安全是国家生存和发展的基石和前提，是人民福祉的根本保障。没有国家安全，就谈不上国家发展，更谈不上人民幸福。当今世界并不太平，各种威胁世界安全、和平、发展的因素依然存在。在世界百年未有之大变局的形势下，我国面临的矛盾尖锐性、局面复杂性、形势紧迫性前所未有，并且我国越是发展就越遭到国际各种反华势力和敌对势力的敌对、妒忌甚至作梗和破坏，我国国家安全形势就越严峻。在这种情况下，进行伟大斗争就成为维护我国安全的必然

---

① 田旭明：《深刻理解共产党人"必须发扬斗争精神"的丰富内涵》，《理论探索》2020 年第 5 期。
② 《习近平关于"不忘初心、牢记使命"论述摘编》，党建读物出版社、中央文献出版社 2019 年版，第 168 页。

要求和重要内容。只有坚持总体国家安全观，矢志不渝发扬斗争精神，直面"危害我国主权、安全、发展利益的各种风险挑战"①，才能维护国家统一和社会和谐稳定，为实现中华民族伟大复兴中国梦提供有利的环境保障。

一、 国家安全是头等大事

"利莫大于治，害莫大于乱。"（《管子·正世》）国家安全是国家的基本利益和安邦定国的重要基石，"维护国家安全是全国各族人民根本利益所在"②。近些年，从部分国家地区战火带来的难民危机，到核泄漏事故导致的环境污染，再到恐怖主义引发的社会恐慌，一切事实都在告诫我们，没有安全的基础、稳定的环境，根本谈不上繁荣富强、幸福生活和岁月静好。尤其是2020年疫情在全球范围内的迅猛席卷，引发了世界性的公共卫生危机，导致全球经济陷入了二战以来最严重的衰退，极大威胁着整个世界的安全和稳定，更是给世界各国上了一堂深刻而严肃的安全课。无数事实表明，国家安全事关国家发展全局、社会长治久安和人民幸福安定。因此，习近平总书记强调："实现中华民族伟大复兴的中国梦，保证人民安居乐业，国家安全是头等大事。……推动创新发展、协调发展、绿色发展、开放发展、共享发展，前提都是国家安全、社会稳定。没有安全和稳定，一切都无从谈起。"③ 由此可见，国家安全于民族、于国家、于社会、于个人都

---

① 《习近平谈治国理政》第3卷，外文出版社2020年版，第226页。
② 《习近平关于总体国家安全观论述摘编》，中央文献出版社2018年版，第14页。
③ 《习近平关于总体国家安全观论述摘编》，中央文献出版社2018年版，第10页。

是至关重要的前提和保障，必须将其摆在首要位置加以高度重视。

没有和平与安全，将会冲突不断、战火纷飞，经济增长、民生改善、社会稳定等都会沦为空谈。因此，维护国家安全是每一位公民应尽的最基本义务，更是每一名中国共产党人义不容辞的最基本职责。从党的历史看，我国有着无数为维护国家安全作出巨大贡献的英雄人物。比如，1936 年，闵刚侯与国民党元老柏文蔚的女儿柏心慧结为夫妻，并巧用其女婿的身份多次解救共产党员、策反国民党高级将领。1949 年上海解放前夕，闵刚侯秘密加入了中国共产党，积极开展地下工作。1949 年 4 月 10 日，组织给相关人员下达了前往汉口运送电台去长沙的紧急任务，却因路遇问题未能运送成功。为安全起见，运送者将电台给了闵刚侯的哥哥闵祥麟，让其转给闵刚侯和柏心慧。闵刚侯看到隐语电报后心领神会，最终成功将电台安全送往长沙，保护了国家机密。

从当前我国的国家安全现状看，总体上保持着稳定、缓和、向好的基本态势，以习近平同志为核心的党中央以更加积极自信的姿态和高瞻远瞩的决策部署维护着国家安全和社会稳定。在国际安全上，我国与世界主要大国长期保持着稳定健康的新型大国关系，与周边国家建立了"亲、诚、惠、容"的睦邻友好关系；在国内安全上，我国社会大局保持和谐稳定，人民生活安定祥和。但与此同时，世界的急剧变化也给我国国家安全带来了更多的不稳定性和不确定性，威胁国家安全稳定的因素依旧复杂，我国国家安全形势变化出现新特点新趋势、面临新情况新形势，维护我国国家安全和社会稳定的任务更加繁重、艰巨而紧迫。为此，我们党必须将维护国家安全置于"头等大事"的战略地位，将其作为党和国家的一项基础性工作，更加自觉地维护我国主权、安全和发展利益，有效防范国家安全风险，妥善处置影响和威胁我国国家安全的一切突发事件，全力保证我国国家安全，为推进党和人民事业提供前提条件。

二、 新时代要坚持总体国家安全观

"国家安全工作是党治国理政一项十分重要的工作，也是保障国泰民安一项十分重要的工作。"① 党的十八大以来，习近平总书记站在国家发展的战略高度，提出了总体国家安全观的重大战略思想，为新时代维护国家安全、实现国泰民安提供了根本遵循。总体国家安全观，是新时代中国特色社会主义的国家安全观，是我们党深刻总结维护总体国家安全历史经验和深入分析新时代新形势新特点的科学结论，致力于"树立共同、综合、合作、可持续的新安全观"②，其根本宗旨和基本原则在于"坚持国家利益至上，以人民安全为宗旨，以政治安全为根本"③。坚持总体国家安全观，是新时代构建符合当代安全需要的国家安全总体系的必然要求，也是实现中华民族伟大复兴的有力保证。

一般而言，提及国家安全，大多数人首先想到的是由军事战争带来的安全问题，但这主要体现的只是传统安全。"当前我国国家安全内涵和外延比历史上任何时候都要丰富，时空领域比历史上任何时候

---

① 《坚持系统思维构建大安全格局 为建设社会主义现代化国家提供坚强保障》，《人民日报》2020 年 12 月 13 日。

② 《习近平谈治国理政》第 3 卷，外文出版社 2020 年版，第 20 页。

③ 《习近平关于总体国家安全观论述摘编》，中央文献出版社 2018 年版，第 13 页。

都要宽广，内外因素比历史上任何时候都要复杂。"① 习近平总书记所提出的总体国家安全观，涵盖领域十分广泛，既包括传统安全，又包括非传统安全。比如突如其来的新型冠状病毒肺炎疫情就属于世所罕见的重大非传统安全事件。总体国家安全观是"集政治安全、国土安全、军事安全、经济安全、文化安全、社会安全、科技安全、信息安全、生态安全、资源安全、核安全等于一体的国家安全体系"②，它的关键在"总体"，突出的是"大安全"的理念。这就需要我们党强化系统思维与方法，牢固树立和认真贯彻总体国家安全观，既重视发展问题又重视安全问题，既重视外部安全又重视内部安全，既重视国土安全又重视国民安全，既重视传统安全又重视非传统安全，既重视自身安全又重视共同安全，用联系和发展的眼光判定和解决国家安全威胁，做好新时代的国家安全工作，统筹好发展和安全，走出一条中国特色国家安全道路。

三、 维护国家安全必须敢于斗争

当今世界正处于大发展大变革大调整时期，尽管和平与发展依然是时代的主题，但在后冷战时代新霸权主义抬头的国际形势下，危害我国领土和主权安全的因素增多，我国的安全和发展也面临日益严峻的形势。具体来说，以美国为首的西方国家为遏制我国发展，在经济贸易、军事、外交等多领域向我国施压，不断设置障碍并进行挑衅；我国周边一些国家利用所谓亚太军事同盟加紧对我国领土主权的挑

① 《习近平谈治国理政》第 1 卷，外文出版社 2018 年版，第 200 页。
② 《习近平谈治国理政》第 1 卷，外文出版社 2018 年版，第 201 页。

畔；尚有部分分裂分子如"藏独""疆独""台独""港独"分子企图打着"民族""宗教"旗号分裂祖国，破坏国家统一和民族团结；我国经济、能源、网络、粮食、环境、金融等方面的问题也长期存在；我国"意识形态领域斗争依然复杂，国家安全面临新情况"；等等。此外，整个世界的安全问题也面临着共同的挑战，比如世界经济增长动能不足、贫富分化加剧、地区热点问题、恐怖主义威胁、网络安全问题、重大传染性疾病、气候变化等安全威胁日益突出。所以，习近平总书记强调："必须清醒地看到，新形势下我国国家安全和社会安定面临的威胁和挑战增多，特别是各种威胁和挑战联动效应明显。"①

"安而不忘危，存而不忘亡，治而不忘乱。"（《周易·系辞下》）中国共产党生于忧患，高度重视国家安全，始终将维护国家安全工作摆在至关重要的位置。习近平总书记指出："我们共产党人的忧患意识，就是忧党、忧国、忧民意识，这是一种责任，更是一种担当。"②在新的形势下，要维护我国国家安全和社会稳定，我们党必须以理直气壮的政治气魄和定力继续进行伟大斗争，增强忧患意识，坚决同"一切分裂祖国、破坏民族团结和社会和谐稳定的行为"③作斗争，筑牢捍卫国家安全的铜墙铁壁。在斗争方略的选择上，要以总体国家安全观为指导，准确把握国家安全形势，"提高防范抵御国家安全风险能力，高度警惕、坚决防范和严厉打击敌对势力渗透、破坏、颠覆、分裂活动"④，做好经济、政治、文化、社会、外交、军事等各

---

① 《习近平谈治国理政》第 1 卷，外文出版社 2018 年版，第 202 页。
② 《习近平关于全面从严治党论述摘编》，中央文献出版社 2016 年版，第 5 页。
③ 《习近平关于总体国家安全观论述摘编》，中央文献出版社 2018 年版，第 38 页。
④ 《中共中央关于坚持和完善中国特色社会主义制度 推进国家治理体系和治理能力现代化若干重大问题的决定》，人民出版社 2019 年版，第 30 页。

种斗争的准备。要牢记"以斗争求安全则安全存、以退让求安全则安全亡"的真理，对于企图危害国家安全的反华反共势力要敢于斗争、敢于博弈，给予迎头痛击，将安全贯穿于国家发展各领域、全过程，不断提升国家安全水平。要"保持战略定力、战略自信、战略耐心，坚持以全球思维谋篇布局，坚持统筹发展和安全，坚持底线思维，坚持原则性和策略性相统一，把维护国家安全的战略主动权牢牢掌握在自己手中"①，筑牢国家安全屏障，确保国家安全得到全面维护。

维护国家安全、确保国家长治久安不可能毕其功于一役，必须驰而不息、久久为功。为此，我们党要以"踏平坎坷成大道，斗罢艰险又出发"的顽强斗争意志坚决维护我国安全和发展利益，为实现第二个百年奋斗目标筑牢安全保障，提供一个和平、稳定的环境。

第六节　为人民谋幸福要求继续坚持斗争

马克思、恩格斯曾言："过去的一切运动都是少数人的，或者为少数人谋利益的运动。无产阶级的运动是绝大多数人的，为绝大多数人谋利益的独立的运动。"② 中国共产党作为无产阶级政党，其性质和宗旨决定党从诞生伊始就始终站在人民立场，为谋求人民利益、实现人民幸福而斗争。"中国特色社会主义进入新时代，我国社会主要矛盾已经转化为人民日益增长的美好生活需要和不平衡不充分的发展之

---

①《习近平谈治国理政》第 2 卷，外文出版社 2017 年版，第 382 页。
②《马克思恩格斯文集》第 2 卷，人民出版社 2009 年版，第 42 页。

间的矛盾"①，这意味着人民群众对幸福美好生活的向往更加强烈、需要更加广泛、要求更加多样。这就需要中国共产党一如既往坚持以人民为中心的根本立场，将人民对美好生活的向往作为自己的奋斗目标，为维护人民利益、增进人民福祉而斗争，不断充实和提升广大人民群众的获得感、幸福感和安全感。

一、 为人民谋幸福是党的永恒初心

为了谁、依靠谁直接反映了一个政党的根本属性和政权性质，是检验政党的试金石。中国共产党一经诞生就将为中国人民谋幸福、为中华民族谋复兴确立为自己的初心使命，始终将"人民"二字铭记于心、实践于行。习近平总书记明确指出："不忘初心、牢记使命，说到底是为什么人、靠什么人的问题。以百姓心为心，与人民同呼吸、共命运、心连心，是党的初心，也是党的恒心。"②

"百年征程波澜壮阔，百年初心历久弥坚。"这是习近平总书记发表的 2021 年新年贺词中的一句话。习近平总书记指出："从石库门到天安门，从兴业路到复兴路，我们党近百年来所付出的一切努力、进行的一切斗争、作出的一切牺牲，都是为了人民幸福和民族复兴。正是由于始终坚守这个初心和使命，我们党才能在极端困境中发展壮大，才能在濒临绝境中突出重围，才能在困顿逆境中毅然奋起。"③ 为中国人民谋幸福是中国共产党区别于其他政党的根本特征，是我们党

---

① 《决胜全面建成小康社会 夺取新时代中国特色社会主义伟大胜利》，人民出版社 2017 年版，第 11 页。
② 《习近平谈治国理政》第 3 卷，外文出版社 2020 年版，第 138 页。
③ 《习近平谈治国理政》第 3 卷，外文出版社 2020 年版，第 538 页。

的初心所起、宗旨所在和目标所向。在党的百年历史征程中，我们党虽历经磨难却始终初心不忘，用坚强意志和坚毅行动谱写了坚定践行初心的壮阔历史画卷。

1934 年 11 月上旬，突破国民党军第二道封锁线后，中央红军在汝城县境内进行了半个月的休整。红军纪律严明，睡在屋檐下、空地里，只有三位女红军被沙洲村的妇女徐解秀拉到家里睡。当晚，三位女红军和徐解秀四人一起睡在厢房里，看到床上仅有的破棉絮和一件蓑衣，女红军便拿出她们唯一的一条行军被和徐解秀母子同盖。次日下午 3 点多离开时，女红军害怕徐解秀母子挨冻，将她们仅有的那条被子送给了徐解秀，但徐解秀不同意。见双方僵持不下，一位女红军便拿起剪刀，剪了一半送给了徐解秀。她们还说，"红军同其他当兵的不一样，我们是共产党领导的，是人民的军队，打敌人就是为老百姓过上好日子"①。随后，徐解秀和她的丈夫朱兰芳送她们走过泥泞的田埂，到山边后天黑了，徐解秀因脚小走路不便，便嘱咐丈夫送三位女红军翻山。这就是"半条被子"的故事。多年后，习近平总书记多次提及"半条被子"的红色经典故事，还借用徐解秀老人的话说："什么是共产党？共产党就是自己有一条被子，也要剪下半条给老百姓的人。"②

2012 年 11 月 15 日 11 时 53 分，在万众瞩目的时刻，迎着众人期待的目光，新当选的十八届中共中央政治局常委走入人民大会堂东大厅，向在场 500 多位中外记者挥手致意。习近平总书记庄严宣告：

---

① 国家互联网信息办公室主编：《"长征路上奔小康"主题活动优秀作品集》，人民出版社 2017 年版，第 148 页。

② 《习近平关于"不忘初心、牢记使命"论述摘编》，党建读物出版社、中央文献出版社 2019 年版，第 10 页。

"人民对美好生活的向往，就是我们的奋斗目标。"从此，以习近平同志为核心的党中央用满腔热血和实际行动一直践行着这一郑重承诺，"听民声、察民情、汇民智、解民忧"，为实现人民对美好幸福生活的向往坚持不懈斗争。中国共产党用百年历史证明，人民的幸福是我们党始终不渝的政治担当，也是我们党真真切切的价值追求。

二、 坚决捍卫人民利益

马克思、恩格斯曾在《共产党宣言》中指出，无产阶级政党是工人阶级的先锋队，"他们没有任何同整个无产阶级的利益不同的利益"①。1938 年，毛泽东在《中国共产党在民族战争中的地位》中强调指出："共产党员无论何时何地都不应以个人利益放在第一位，而应以个人利益服从于民族的和人民群众的利益。"② 中国共产党作为无产阶级政党，是为人民利益而生、代表人民群众根本利益的伟大政党，坚持人民利益至上是党的性质和根本宗旨的必然要求，也是我们党的根本价值立场和价值取向。③ 从党的百年历史可以看出，中国共产党自成立以来，始终将人民利益高于一切写在自己的旗帜上，把维护人民群众根本利益作为使命，坚决捍卫和发展人民利益。

中国历史上曾经出现过很多被人民世代传颂的伟大人物，他们来自人民、心系人民、为了人民，始终坚持一切从人民利益出发，为人民作出了不可磨灭的巨大贡献。刘少奇就是这样一位伟人。刘少奇是

---

① 《马克思恩格斯文集》第 2 卷，人民出版社 2009 年版，第 44 页。
② 《毛泽东选集》第 2 卷，人民出版社 1991 年版，第 522 页。
③ 陈光林：《始终坚持人民利益至上》，《人民日报》2015 年 8 月 26 日。

伟大的马克思主义者，是无产阶级革命家、政治家和理论家。他一再强调，"人民的利益，即是党的利益……即是党员一切行动的最高标准"①。早在 1922 年 9 月初，刘少奇在领导安源路矿工人大罢工的斗争中就注意到工人群众的切身利益，不顾一切身处斗争最前沿，领导当时 13 000 多名工人进行罢工，同敌人展开了面对面的斗争，并担任工人俱乐部全权代表，与路矿当局展开了激烈谈判。面对万余名工人的罢工，路矿当局无计可施，被迫接受并签订了维护工人利益的 13 条协议，改善工人的劳动条件和生活待遇。安源路矿工人大罢工大获全胜，成为我国工人运动史上的罕见范例。作为党和国家的卓越领导人，刘少奇同志时刻不忘人民疾苦，始终坚定人民利益高于一切的信念，将共产党人为民谋利益的初心和特性展现得淋漓尽致。

我们党用实际行动证明，中国共产党人所讲的斗争就是始终坚持为人民利益而非私利进行的斗争，维护人民切身利益是伟大斗争的根本所在。正如习近平总书记所言："我们讲的斗争，不是为了斗争而斗争，也不是为了一己私利而斗争，而是为了实现人民对美好生活的向往、实现中华民族伟大复兴知重负重、苦干实干、攻坚克难。"② 与此同时，新时代我们所说的人民利益也并不是抽象而空洞的概念，而是有着具体的内容指向。它要求我们党必须将人民利益置于最高位置，将其作为进行一切斗争的出发点和落脚点，紧扣人民群众生产生活实际需要，用"人民最关心最直接最现实的利益问题"确定伟大斗争的目标方向，以"解民所急"原则制定伟大斗争的科学策略，把实现好、维护好、发展好最广大人民根本利益作为伟大斗争的基本要

① 申志诚主编：《刘少奇大辞典》，中央文献出版社 2009 年版，第 530 页。
②《习近平谈治国理政》第 3 卷，外文出版社 2020 年版，第 542 页。

求，在就业、教育、医疗、住房、养老等关乎民生福祉的关键性问题上下大功夫，从政治、经济、文化、社会、生态、安全等多个层面协调推进对人民利益的维护。

三、 为人民谋利益和幸福要保持斗争意志

带领人民创造幸福美好生活，是我们党坚定不移的奋斗目标。党的斗争精神从根本意义上而言就是为中国人民谋幸福的初心精神。过去党干革命、搞建设、抓改革，说到底都是为人民谋利益、求幸福，让人民过上好日子。习近平总书记强调："不忘初心、牢记使命，必须发扬斗争精神，勇于担当作为。"[1] 在新的历史形势下，我们党更要坚定奋斗目标，时刻秉持"我将无我，不负人民"的赤子情怀，将践行初心使命与开展伟大斗争高度统一起来，在伟大斗争中牢牢铭记和守住为人民谋幸福这份初心，始终以饱满的政治热情与斗争精神为人民利益和幸福而砥砺奋斗。

新时代我国涌现出了许许多多为人民谋利谋福的时代楷模。95 岁的老英雄张富清曾在解放战争中敢于斗争、奋勇拼搏、九死一生、战功赫赫，却在和平年代深藏功名。直到 2018 年 12 月 3 日，湖北省来凤县进行退伍军人信息采集时，张富清小儿子张健全带来的一个红色包裹才揭开了张富清不为人知的红色过往。包裹里放着一枚荣誉奖章，上面写着"人民功臣"四个大字。从张富清老人身上，我们看到了一名共产党员不改初心、淡泊名利的政治本色。"时代楷模"黄文

---

① 习近平：《在"不忘初心、牢记使命"主题教育总结大会上的讲话》，人民出版社 2020 年版，第 17 页。

秀研究生毕业后，毅然决然放弃大城市的工作机会，主动请缨到广西百色市乐业县新化镇百坭村担任"第一书记"，主动献身脱贫攻坚事业，用实际行动坚定党的初心，践行党的宗旨。黄文秀曾说："只有扎根泥土，才能懂得人民。"初到百坭村的黄文秀遭遇了摸不清门路、村民一开始的不信任和冷言冷语等诸多难题，但她并没有被这些困难吓倒，而是努力学习经验，一心为民，帮助当地百姓利用科学方法种植砂糖橘，极大地促进了村集体经济的发展。习近平总书记说："广大党员干部和青年同志要以黄文秀同志为榜样，不忘初心、牢记使命，勇于担当、甘于奉献，在新时代的长征路上做出新的更大贡献。"① 不忘初心、践行初心，以更加旺盛的斗志和时不我待的精神为实现广大人民的美好生活向往顽强奋斗，是我们党当前更加坚定的信念。

为人民谋利益和幸福，是一个不断超越现状、全面进步的动态过程，没有止境，永不停止，需要中国共产党充分发扬斗争精神，领导人民通过不懈奋斗来实现。同时，这也是一个磨炼意志的过程，需要党始终保持斗争意志，与损害群众利益、阻碍群众幸福的行为，如形式主义、官僚主义等作坚决斗争。面对新时代前所未有的复杂局面和严峻形势，我们党必须更加自觉地践行初心使命，勇于挺身而出、迎难而上，敢于同党内外一切危害人民群众根本利益的言行作斗争，与强权霸权、敌对势力、分裂势力、黑恶势力、腐败分子等进行坚决斗争，始终保持旺盛的斗志，为维护人民根本利益、满足人民幸福需求而不懈奋斗。

---

① 习近平：《不忘初心牢记使命勇于担当甘于奉献 在新时代的长征路上做出新的更大贡献》，《人民日报》2019 年 7 月 2 日。

第七节　为世界谋大同要求继续坚持斗争

回顾中国共产党的百年历史进程，我们党始终以自强不息的奋斗为人类谋进步、为世界谋大同，其中无不贯穿着足以载入人类史册的伟大斗争。如伟大抗美援朝战争抵御了帝国主义扩张，维护了亚洲和世界的和平稳定。又如中国式现代化道路创造了人类文明新形态，为发展中国家走向现代化提供了路径选择。在新的历史形势下，世界百年未有之大变局加速演进，给中国共产党为世界谋大同历史使命的完成带来了困境和挑战，要求我们党必须继续坚持斗争，以强烈而坚韧的斗争精神同世界各国一起共创人类更加美好的大同世界。

一、　中国发展离不开世界

"大道不孤，天下一家。"① "当今世界，各国相互依存、休戚与共"②，人类生活在同一个"地球村"，早已结成了你中有我、我中有你的命运共同体，任何国家和地区都不可能独善其身，更不可能与世隔绝。2020 年 3 月 12 日，习近平总书记在同联合国秘书长古特雷斯通电话时指出："新冠肺炎疫情的发生再次表明，人类是一个休戚与共的命运共同体。……国际社会必须树立人类命运共同体意识，守望

①《习近平外交思想学习纲要》，人民出版社、学习出版社 2021 年版，第 51 页。
②《十八大以来重要文献选编（中）》，中央文献出版社 2016 年版，第 695 页。

相助，携手应对风险挑战，共建美好地球家园。"回首过去，改革开放以来，世界各国的互动模式已经从"共在"到"合作"再到如今的"共生"。展望未来，我们必须扩大对外开放，在与世界的良性互动中主动、深度地融入世界，为实现中华民族伟大复兴提供良好外部环境，也为营造世界和平共处、欣欣向荣的局面作出应有贡献。

中国是世界四大文明古国之一，与世界具有十分紧密的联系，不断为世界提供着"营养"，也不断吸吮着世界的"营养"。如西汉张骞开辟的著名丝绸之路，促进了东西方经济文化的广泛交流；魏晋南北朝时期佛教传入中国并迅速得到发展，对我国文学艺术的发展尤其是我国思想界产生了不可磨灭的影响；唐朝时期经济繁荣，世界各国使节、商人等齐聚长安，促进了我国经济发展和文化对外传播，为我国增添了光彩；等等。但是到了近代，由于清王朝的腐败和闭关自守，中国陷入了挨打的被动局面，逐渐成为半殖民地半封建社会，中国的经济发展落后于时代发展步伐，社会动荡不已，百姓民不聊生。

中国共产党成立后，致力于改变中国落后封闭状态，带领人民摆脱贫困，带领中国走向世界。早在新民主主义革命时期，毛泽东就强调指出，中国与世界紧密联系是我们的立足点，中国不是孤立的也不能孤立，"我们不是也不能是闭关主义者，中国早已不能闭关"①。于是在1949年6月新中国成立前夕，毛泽东宣布："中国人民愿意同世界各国人民实行友好合作，恢复和发展国际间的通商事业，以利发展生产和繁荣经济。"② 然而，由于帝国主义对我国实行封锁和禁运政策及我们自身出现的"左"倾错误，毛泽东的许多对外开放思想并未完

---

① 《毛泽东外交文选》，中央文献出版社、世界知识出版社1994年版，第16页。
② 《毛泽东选集》第4卷，人民出版社1991年版，第1466页。

全付诸实施。改革开放后，邓小平以宏大的国际视角根据历史经验教训深刻指出："经验证明，关起门来搞建设是不能成功的，中国的发展离不开世界。"① 只有引进来、走出去，与其他国家多交流往来，才能促进中国的发展。尤其当时我国面临资源不足、资金缺乏、技术落后、管理知识和经验不足等实际情况，改变这一现状离不开引进西方先进的技术、设备和管理经验。改革开放以来，中国始终秉持着开放包容的态度，依循着对外开放的政策，实现了高速高质量发展，得到了国际社会的高度赞扬。

新时代以来，经济全球化迅猛发展，世界各国之间的联系日益密切，相互合作和依存程度大大增加。习近平总书记站在新的时代背景下以宽广的世界眼光又重申："中国的发展离不开世界，世界的繁荣也需要中国。"② 历史充分证明，闭关自守没有出路，将自己孤立于世界之外必然处于停止落后状态，中国的发展与世界紧密联系，中国的发展离不开世界。当前在中国全面建成社会主义现代化强国、实现中华民族伟大复兴进程中还存在许多困难和问题，必须不断扩大对外开放、提高对外开放水平，充分利用国际国内两种资源、两个市场，以开放促改革、促发展，推动我国发展不断取得新成就。

二、 为世界谋大同是党的使命担当

中华民族自古就有"天下大同""和衷共济"的宽广胸怀和世界

---

① 《邓小平文选》第 3 卷，人民出版社 1993 年版，第 78 页。
② 习近平：《在庆祝改革开放 40 周年大会上的讲话》，人民出版社 2018 年版，第 33 页。

视野。"亲仁善邻、协和万邦是中华文明一贯的处世之道。"① 千百年后，我国仍然坚持胸怀天下的价值理念和人文情怀。中国共产党不仅是为中国人民谋幸福的政党，同时也是为人类进步事业而奋斗的政党，这充分彰显了我们党为人民谋幸福、为民族谋复兴、为世界谋大同的使命担当。

早在新中国成立之初，毛泽东就立下了"中国应当对于人类有较大的贡献"② 的宏愿，表达了新生社会主义国家推进人类进步事业的伟大志向。站起来的全国各族人民在党的领导下自力更生、发愤图强，既重视为我国发展营造良好的外部环境，又强调为世界和平与发展作出贡献。从独立自主的和平外交方针到和平共处五项原则，从反对霸权主义、强权政治到支持和援助被压迫民族解放事业和各国人民正义斗争，社会主义中国以不懈奋斗印证了当初的诺言。党的十一届三中全会后，邓小平作出改革开放重大战略决策，强调"放眼世界，放眼未来，也放眼当前，放眼一切方面"③。改革开放以来，中国为经济全球化注入了强劲动力，为解决全人类共同难题提供了中国方案，也为促进世界的和平发展贡献了中国力量。经过长期艰苦努力，中国日益走近世界舞台中央，在疫情防控、推动经济复苏、国际减贫、应对气候变化、实现可持续发展等方面都作出了巨大贡献。

进入新时代，习近平总书记强调："世界要公道，不要霸道。大

---

① 《习近平谈治国理政》第 3 卷，外文出版社 2020 年版，第 471 页。
② 《毛泽东文集》第 7 卷，人民出版社 1999 年版，第 157 页。
③ 《邓小平文选》第 3 卷，人民出版社 1993 年版，第 300 页。

国要有大国的样子，要展现更多责任担当。"① 党的十八大以来，习近平总书记提出统筹国内国际两个大局、加快构建新发展格局、推动构建 "一带一路"、倡导构建人类命运共同体、建设新型国际关系等，展现了中国共产党为实现 "为世界谋大同" 的使命担当所做出的努力。其中人类命运共同体的理念从基本意蕴上讲展现的就是 "天下一家" 的世界情怀，主张坚守 "和平、发展、公平、正义、民主、自由"② 的全人类共同价值。

2020 年疫情发生后，中国共产党始终同世界各国紧紧相拥在一起并肩战斗、共克时艰，不仅本着公开、透明、负责任的态度及时向世界卫生组织、有关国家和地区组织通报疫情信息，包括第一时间发布新冠病毒基因序列等信息、分享诊疗和防控方案及经验，还竭尽所能为国际社会和 200 多个有需要的国家提供力所能及的支持和援助。所以，习近平总书记指出："中国共产党关注人类前途命运，同世界上一切进步力量携手前进，中国始终是世界和平的建设者、全球发展的贡献者、国际秩序的维护者！"③

三、 为世界谋大同要敢于斗争

中国共产党的初心和使命，不仅包含为中国人民谋幸福、为中华民族谋复兴，还包含为世界谋大同。为世界谋大同是中国共产党的庄

---

① 习近平：《同舟共济克时艰，命运与共创未来：在博鳌亚洲论坛 2021 年年会开幕式上的视频主旨演讲》，外文出版社 2021 年版，第 3 页。

②《习近平在联合国成立 70 周年系列峰会上的讲话》，人民出版社 2015 年版，第 15 页。

③ 习近平：《在庆祝中国共产党成立 100 周年大会上的讲话》，人民出版社 2021 年版，第 16 页。

严承诺和使命担当，体现了我们党关注世界发展和人类进步事业的天下情怀，也体现了我们党致力于实现全人类解放的崇高共产主义理想。合作是为世界谋大同的基本方式，但斗争也是为世界谋大同不可或缺的重要手段。

百年来，为兑现为世界谋大同的承诺，完成这一光荣使命，中国共产党敢于同各种威胁世界和平、安全与发展的困难和挑战作斗争，从不主张非此即彼的零和博弈，不走国强必霸的道路，永远不称霸，永远不搞扩张，反对霸权主义和强权政治，不干涉别国内政，也不搞壁垒高筑、以邻为壑。同时切身践行着合作共赢理念，秉持各美其美、美美与共的原则，将自身发展机遇与世界各国分享，欢迎世界各国搭上中国发展的"快车"，一如既往为世界和平、世界共同发展和世界文明交流互鉴作贡献，充分彰显了以天下为己任的博大胸襟和历史担当。

在新的历史条件下，面对"逆全球化"、霸权主义、强权政治、恐怖主义、单边主义、贸易保护主义、利己主义等一切影响中国稳定发展和世界和平的力量，中国共产党必须以顽强斗争精神与之进行坚决斗争。比如在全球抗击新型冠状病毒肺炎疫情的战斗中，面对部分西方政客混淆黑白、颠倒是非、甩锅推责、嫁祸他人等行径，我们党始终保持清醒、理性的认知判断，看清事实真相，并坚决予以回击。与此同时，面对贫富分化、恐怖主义、网络安全、传染性疾病、疫情防控等全球共同性问题，我们党秉持人类命运共同体理念，同世界各国一道通力合作，以敢于斗争的姿态和不惧斗争的勇气携手应对日益严峻的全球性挑战。只要我们党始终发扬充沛顽强的斗争精神，发挥负责任大国作用，以更加积极的姿态参与国际事务，坚持合作共赢，促进人类社会共同繁荣，相信"未来之中国，必将以更加开放的姿态拥抱世界、以更有活力的文明成就贡献世界"①。

---

① 习近平：《深化文明交流互鉴 共建亚洲命运共同体：在亚洲文明对话大会开幕式上的主旨演讲》，人民出版社 2019 年版，第 10 页。

第五章

新征程上中国共产党要增强斗争本领

斗争本领绝不是生来就有的，也非练就于朝夕之间，更不是一劳永逸，必须在不断斗争中持续提升。温室里无法绽放出鲜艳花朵，"不经一番寒彻骨，怎得梅花扑鼻香"。这就要求新时代广大党员干部尤其是年轻干部必须主动加强斗争历练，敢于到重大斗争中经历风雨，冲锋在前、敢于担当，在不断的攻坚克难中增长才干和胆识，在重大斗争中经受锻炼，从而增强斗争本领。

第一节　斗争本领不是与生俱来的

一、斗争本领需要在火热实践中得到磨炼

实践锻炼是我们党增强斗争本领的有力支撑。王阳明曾说："人须在事上磨，方能立得住，方能静亦定、动亦定。"这表明，历事才能磨心，在实践中磨炼，年轻干部才能成长得快、成长得好。当前，一些党员干部尽管学历高、获取知识的能力强，特别是身处网络时代，谈论道理时娓娓道来，但有时候一遇到实际问题却往往不能妥善处理，根本原因在于所懂非所用、所需非所有，知识和信息仅仅处在观念意识的层面。"纸上得来终觉浅，绝知此事要躬行。"（陆游《冬夜读书示子聿》）唯有经过实践检验，感性认知才会更加深刻。同样，只有不断在实践中经历风雨，斗争本领才能不断增强。因此，党员干部的斗争本领决不能靠闭门造车而获得，而要靠自觉走出"温室人棚"，敢挑千斤担，敢闯深水区，到火热实践中去磨炼，正所谓："人才自古要养成，放使干霄战风雨。"（陆游《苦笋》）

（一）主动深入基层一线磨炼

若想有所作为，必须经过风吹雨打炼就铜筋铁骨。革命战争时期的共产党人都是历经血雨腥风、千锤百炼的。当前，大多数党员干部

都见多识广、志向远大，想要干出一番事业。但有些人知识水平高，实际处理问题的能力不足；有些人只贪图城市的安逸生活，不愿扎根基层受清苦；还有些人急功近利，眼高手低，经不住工作中的逆境和挫折；还有一些干部因缺乏基层一线工作的艰苦锻炼，导致工作中说得好做得差、想法多办法少，难以提升干事创业本领。凡是在各自岗位上有所成就的党员干部，都是注重实践锻炼、在火热实践中磨炼出来的。在磨炼过程中遇到的难事也许会多一些，但难中一定会有收获与经验。多经历一些大事要事、难事急事，才能在干事中增强本领，在历练中变得更加成熟。党员干部基层实践经验越丰富、阅历越多，往往在关键时候越能临危不乱，处理问题也能有条不紊。

党的十八大以来，以习近平同志为核心的党中央从战略全局考虑，开创性地把全面从严治党、勇于自我革命、进行伟大斗争等彰显共产党人本质属性的实践原则有机统一，与全面深化改革和建设社会主义现代化强国有效结合起来，注入实现中华民族伟大复兴的历史进程中。总体而言，中国共产党的斗争本领和斗争水平，在这场气势恢宏的伟大实践中得到显著提升。但这并不意味着每名党员的斗争本领都得以增强，也不意味着这种本领会随着党龄的增加、职位的升迁得到自然提升。需要注意的是，虽然当今很多党员干部成为伟大事业的核心骨干，但其中一些党员干部也暴露出党性锻炼不够、基层感情不深等问题。新时代增强斗争本领，党员干部必须补齐短板，通过下乡扶贫、支援蹲点、下派交流等方式，不断强化工作实践和生活实践，推动并督促自己站稳事业大平台和人生大舞台，提升执政能力，增强斗争本领，担当时代大任。

(二) 勇于直面风险迎接挑战

任何事物的成长总是向前的，但过程却充满曲折，二者是辩证统一的。我国几十年改革开放的进程，就是一部党领导全国人民战胜各种艰难险阻不断前进的奋斗史。习近平总书记始终有着强烈的忧患意识，多次强调要居安思危，随时准备好应对一切风险和挑战，开展具有许多时代特色的伟大斗争，以自我革命的勇气和精神，推进新时代党领导各族人民进行的宏伟社会革命。眼下，我们遭遇的重大风险，不只源于国内意识形态领域、经济安全、金融安全和自然灾害方面，也有来自国际地缘政治、武装冲突、局部稳定、世界和平等方面的风险。我们正视的重大挑战，不仅源于以美国为首的西方国家遏制打压我国而面临的总体安全威胁，也有来自改革开放步入深水区、攻坚期所遇到的重大矛盾、激烈冲突的挑战。此外，中国共产党面临的挑战还包括具有长期性的"四大考验"和"四种危险"。面对这些考验和危险，党必须积极应对，不能有丝毫懈怠。正如习近平总书记所讲："夺取具有许多新的历史特点的伟大斗争新胜利，我们还有许多'雪山''草地'需要跨越，还有许多'娄山关''腊子口'需要征服，一切贪图安逸、不愿继续艰苦奋斗的想法都是要不得的，一切骄傲自满、不愿继续开拓前进的想法都是要不得的。"① 在实现中华民族伟大复兴的新征程上，只有高瞻远瞩、励精图治，不断增强党的政治领导力、思想引领力、群众组织力和社会号召力，全面提升斗争本领，我们才能更好地坚持和巩固党的全面领导，逐步提高有效应对重大风险

①《习近平谈治国理政》第2卷，外文出版社2017年版，第49页。

挑战的能力，从而取得更加辉煌的成就。

（三）敢于在艰难困苦中经受磨炼

共产党人想要成就一番事业，就必须历经艰苦磨炼。想舒舒服服，就不要成为党员干部；受不了挫折，忍不了清苦，也不要成为党员干部。北宋思想家张载曾指出："富贵福泽，将厚吾之生也；贫贱忧戚，庸玉女（通"汝"）于成也。"在事上磨炼，需要经历漫长痛苦的过程，从遇事之初的茫然惊慌到研判分析的反复斟酌，再到最终解决前的耐心等待，压力不可谓不大。作为新时代的党员干部，要践行这一原则要求，主动到繁忙的工作岗位上、艰苦的环境中、人民群众最需要的地方去，勇做疾风劲草，勇当烈火真金，在火热实践中打磨自身，造就"金刚不坏之身"。

二、斗争本领需要在借鉴历史经验教训中得到提升

借鉴历史经验是我们党提升斗争本领的必然要求。进入新时代，习近平总书记反复强调，我们要进行具有许多新的历史特点的伟大斗争，必须发扬斗争精神、提升斗争本领。特别是当前，我们既要洞悉世界百年未有之大变局，也要胸怀中华民族伟大复兴的战略全局，这无疑对我们党的斗争本领提出了更高要求。正因如此，党的十九届六中全会审议通过的《中共中央关于党的百年奋斗重大成就和历史经验的决议》将"坚持敢于斗争"作为我们党团结带领人民百年奋斗所积累的宝贵历史经验之一，这充分表明中国共产党的百年奋斗史就是一部带领广大民众在斗争中求得生存、获得发展，不断提升斗争本

领，努力夺取斗争胜利的壮阔史诗。由此可知，提升党的斗争本领从来都不是一蹴而就、一举成功的，而是要经过时间的洗礼与沉淀，在总结和借鉴党百年来历史经验教训的过程中得到不断提升。

回顾历史，中国共产党在救国、兴国、富国、强国大业的历史进程中，围绕长远目标和阶段性目标，历经风雨而初心不改，历经困难而愈挫愈勇，书写了在艰难中勇于斗争、在挑战中提高斗争本领的恢宏史诗。首先，在成就救国大业的过程中，锤炼了以"浴血奋战、百折不挠"为内核的斗争本领。众所周知，近代中国身陷半殖民地半封建社会的困境之中，在此历史时期，我们党既要争取一切力量与帝国主义进行斗争，又要与党内各种错误思想作斗争。也正是在同各种反动势力进行不懈斗争的过程中，党的斗争本领得到不断提升。具体而言，我们党团结带领人民以一往无前的英雄气概与敌人进行殊死搏斗，通过武装斗争推翻了国民党的反动统治，打败了日本法西斯侵略，实现了中国从几千年封建专制政治向人民民主的伟大飞跃，取得了新民主主义革命的伟大胜利。在这个过程中，我们党与各种错误思想进行了长期的斗争，与凶残的反动派和敌人进行了艰苦卓绝的斗争，与各种经济困难和严酷的生存环境、极其恶劣的生活条件进行了斗争，其间无数革命先烈付出了宝贵生命，留下了荡气回肠的英雄史诗。中国共产党在残酷的斗争环境中锤炼了百折不挠、迎难而上、敢于亮剑的斗争意志。

其次，在铸就兴国大业的过程中，锻造了以"自力更生、发愤图强"为主线的斗争本领。新中国成立后，百废待兴，加之敌对势力在经济上的封锁、政治上的孤立以及军事上的包围，我们党既要为巩固新生的国家政权而斗争，又要团结带领人民自力更生、艰苦奋斗，以改变中国贫困落后的面貌。也就是说，在此历史时期，我们党面临的斗争环境、斗争对象和斗争任务都发生了根本性变化，无论是巩固新生政权，还是恢复和发展国民经济，抑或是探索社会主义建设道路，均需要进一步提高党自身的斗争本领。具体而言，我们党始终坚持独立自主原则，坚决与美苏霸权主义行径展开激烈斗争，毫不妥协地维护国家的主权和尊严。与此同时，我们党还通过深入开展"三反"斗争、新整风运动、"四清"运动以及"五反"运动等，有效应对了在全国执政的考验、保持优良作风的考验以及经受住腐朽思想侵蚀的考验。需要指出的是，尽管在社会主义探索和曲折发展的过程中，我们也遭遇了反右派扩大化、"大跃进"乃至"文化大革命"的严重挫折，党内极左思潮盛行，党的各项工作均受到了不同程度的影响，但中国共产党仍然依靠自身顽强的斗争精神和高超的斗争本领，带领人民群众与极左的错误思潮做坚决斗争，为实现拨乱反正、开启改革开放奠定了思想基础。不仅如此，我们党为彻底改变中国的贫困面貌，还同阻碍生产力发展的因素展开斗争，进而团结带领广大人民群众积极投身伟大的社会主义改造和建设的热潮中，实现了一穷二白、人口众多的东方大国大步迈进社会主义社会的伟大飞跃，并为此后继续探索社会主义建设奠定了良好的物质基础。

再次，在造就富国大业的过程中，增强了以"解放思想、锐意进取"为动力的斗争本领。进入改革开放新时期，党和国家的工作重心转向社会主义现代化建设这一核心命题，这意味着我们党只有勇于冲破思想的僵化与束缚，以敢闯敢试、敢为人先的精气神增强斗争本领，才能团结带领全国各族人民"摸着石头过河"，创造性探索出一条具有中国特色的社会主义道路。具体而言，我们党同阻碍社会发展进步的一系列错误观念作斗争，肃清党内存在的教条主义、本本主义以及"两个凡是"的禁锢，使全党全社会深刻认识到实践才是检验真理的唯一标准，从而为实现改革开放的历史性转变奠定了思想理论基础。与此同时，随着市场经济的发展，权力与资本的勾结现象增多，公权力腐败现象的挑战日益明显，中国共产党为加强自身建设、提升自身本领，同一切腐败现象、腐败行为作斗争。通过建章立制、加强监督机制建设等多种渠道开展反腐败斗争，加大力度从源头上预防和治理腐败问题，切实提高了全党上下反腐倡廉的意识。另外，为着力推动社会主义现代化建设向前发展，我们党解放思想，实事求是，改革创新，打破旧体制机制和旧思维的束缚，通过建立社会主义市场经济体制、实行家庭联产承包责任制、坚持对外开放和全面改革等，推动农业、工业、军事等各个领域大发展，使社会生产力得到极大解放，人民生活水平取得质的提高，国家综合国力日益提升，中华民族迎来了从站起来到富起来的伟大飞跃。

通过总结历史可以发现，中国共产党在严峻、艰苦和复杂的环境中磨炼了斗争意志，增强了斗争意识，提升了斗争艺术和本领。进入新时代新征程，我们党不能丢弃斗争精神，要善于从历史中汲取经验和教训，发扬斗争的优良传统，坚决摒弃错误的斗争观念，自信自强、守正创新、乘风破浪，在解决既存问题和矛盾、迎接新风险挑战中不断提升自身的斗争能力。党的十八大以来，以习近平同志为核心的党中央统揽"四个伟大"历史使命、统筹推进"五位一体"总体布局、协调推进"四个全面"战略布局，创造了新时代中国特色社会主义彪炳史册的伟大成就。然而，我们亦应当看到，在如今面对实现第二个百年奋斗目标的艰巨任务面前，我们党还有许多"封锁线"要突破、许多"娄山关"要攻克，加之"四大考验"的长期性、"四种危险"的尖锐性以及"四大陷阱"的严峻性，更加需要党具有强大的斗争本领和斗争底气。也正是对此有着清醒的认识，习近平总书记提出要在进行伟大斗争、开创强国大业的新征程中提升斗争本领的时代要求。在具体实践中，广大党员干部要以史为鉴，同时结合新时代目标和任务，积极与各种苦难和挑战作坚决斗争，不等待，不犹豫，不退缩。具体而言，新征程上，我们党必须增强同错误意识形态展开斗争的本领，毕竟意识形态安全是国家安全的重要内容，特别是当前强权政治和霸权主义抬头、贸易单边主义甚嚣尘上、国际局势变幻莫测、"颜色革命"此起彼伏，唯有增强该领域的斗争本领，才能牢牢保护国家主权。与此同时，我们党也要增强同干扰人民实现美好生活的现象进行斗争的本领，始终坚持把民生工作摆在优先发展的战略位置，逐步缩小发展差距，以期尽快实现共同富裕。诚如习近平总书记所言："我们讲的斗争，不是为了斗争而斗争，也不是为了一己私利而斗争，而是为了实现人民对美好生活的向往、实现中华民族伟大复兴知重负重、苦干实干、攻坚克难。"① 不仅如此，全面从严治党永远在路上。我们党还要以零容忍的态度和永远在路上的执着，增强同腐败现象斗争到底的本领，既要加强反腐倡廉思想教育、筑牢拒腐防变思想防线，也要完善反腐体制机制、深化反腐国际合作等，继续巩固和扩大反腐败斗争的胜利成果。总而言之，党的百年奋斗历史已然证明，"建立中国共产党、成立中华人民共和国、实行改革开放、推进新时代中国特色社会主义事业，都是在斗争中诞生、在斗争中发展、

①《习近平在"不忘初心、牢记使命"主题教育总结大会上的讲话》，《人民日报》2020年1月9日。

在斗争中壮大的"①。尽管各个历史时期的斗争环境各不相同，斗争任务也存在差异，但我们党始终秉持坚韧的斗争意志，勇毅前行，在百年来斗争实践的嬗变中，汲取经验教训和智慧力量，实现斗争本领的逐步提升，最终带领中华民族迎来了从站起来、富起来到强起来的伟大飞跃。沧海横流方显本色。面对新时代长征之路，中国共产党人唯有继续斗争，接续奋斗，敢于亮剑，才能顺利实现中华民族伟大复兴。

第二节　保持理论创新勇气

增强斗争本领，既要在实践中磨炼，又要在思想上淬炼；既要做到理论上清醒，又要根据时代发展和实际情况进行理论创新。只有敢于且坚持进行理论上的创新和创造，才能为提升斗争本领、赢得斗争胜利提供源源不断的新的思想武器和实践指导。这就要求，新时代我们党必须勇于和善于摆脱教条主义束缚，不断推进当代马克思主义中国化的理论创新。

一、摆脱教条主义

教条主义又称"本本主义"，是主观主义的一种表现形式，也是

---

① 《习近平谈治国理政》第 3 卷，外文出版社 2020 年版，第 225 页。

反马克思主义的一种思想作风。推进理论上的创新首先要在思想上突破封闭保守、机械教条、狭隘落后的桎梏，从教条主义的束缚中解脱出来，实现思想上的解放，做到实事求是，不唯书、不唯上、只唯实。马克思早就指出："我不主张我们竖起任何教条主义的旗帜。"① 恩格斯进一步阐明："我们的理论是发展着的理论，而不是必须背得烂熟并机械地加以重复的教条。"② 列宁也一贯反对将马克思主义教条化，认为"我们决不把马克思的理论看作某种一成不变的和神圣不可侵犯的东西"③，"马克思的理论所提供的只是一般的指导原理，而这些原理在各国的具体应用是各不相同的"④。但在中国共产党历史上，曾一度出现不懂得将马克思主义普遍真理同中国具体实践相结合的教条主义，给党的革命和建设带来了严重危害。在此境遇下，中国共产党始终坚持马克思主义的世界观和方法论，把马克思主义基本原理与中国实际相结合，坚决与教条主义进行坚持不懈的斗争，清算了"左"倾教条主义错误，确立了解放思想、实事求是的思想路线，不断开创马克思主义中国化的新境界。

尤其是 20 世纪 30 年代初，由于未从思想上彻底清算"左"倾错误，加之当时共产国际的干预，党内出现了以王明为代表的"左"倾教条主义。他们抽象、无目的地研究马克思列宁主义理论，僵化教条，生搬硬套，在政治上推行城市中心论，在组织上实行宗派主义，在军事上主张进攻时冒险、防御时保守、撤退时逃跑，在革命实践中左右摇摆，严重脱离了中国革命的具体实际。王明的"左"倾教条主

---

① 《马克思恩格斯全集》第 1 卷，人民出版社 1975 年版，第 416 页。
② 《马克思恩格斯文集》第 10 卷，人民出版社 2009 年版，第 562 页。
③ 《列宁选集》第 1 卷，人民出版社 2012 年版，第 274 页。
④ 《列宁选集》第 1 卷，人民出版社 1995 年版，第 6 页。

义错误直接导致了第五次反"围剿"的失败，使红军不得不进行长征转战陕北。在长征期间，为清除党内"左"倾错误，党在遵义召开了政治局扩大会议（遵义会议），在组织和军事上对"左"倾错误进行了彻底纠正。1942 年开展的延安整风运动又进一步从思想上清算了王明的"左"倾错误，最终实现了党在政治、思想和组织上的统一。毛泽东是批判教条主义、本本主义的典范，在反对教条主义方面作出了开创性贡献。他在 1930 年的《反对本本主义》、1941 年的《改造我们的学习》、1942 年的《整顿党的作风》等文章中曾深刻批判党内存在的教条主义错误，指出："马克思主义的'本本'是要学习的，但是必须同我国的实际情况相结合。我们需要'本本'，但是一定要纠正脱离实际情况的本本主义。"①

可见，在中国共产党领导人民进行的革命、建设和改革斗争实践中，我们党始终注重将远大理想、奋斗纲领和求真务实、脚踏实地有效结合，从而担负起了伟大的历史使命。新征程上增强斗争本领，要求我们党必须继续坚持实事求是，发扬斗争精神，摆脱教条主义，以正确的态度对待马克思主义，在不断改造主观世界的过程中改造客观世界，通过不断自我革命推动社会革命，做到"知行合一"，把初心使命落实在一言一行中，把马克思主义的真理力量在实现民族伟大复兴的实践中释放出来，为建设社会主义现代化强国作出应有贡献。

二、 不断推进马克思主义中国化时代化

马克思主义是我们党和人民事业不断发展的根本源泉，党的理论

① 中共中央文献研究室：《毛泽东著作专题摘编（上）》，中央文献出版社 2003 年版，第 204 页。

创新归根到底是对马克思主义中国化时代化的理论创新。纵观中国共产党百年的非凡历程，始终贯穿着为推进马克思主义中国化时代化的斗争，在此过程中我们党极大增强了自身的斗争本领。而这份过硬的斗争本领，之所以能够成为推进强国复兴的磅礴力量，原因就在于共产党人始终发扬斗争精神这一马克思主义中国化的不竭动力，在马克思主义的指导下提升自身斗争本领，既把坚持"两个结合"作为提高斗争本领的现实考场，又将推进马克思主义中国化时代化视作增强本领的必然要求。这就表明，新时代新征程上，面对新的问题挑战，我们党必须进行新的伟大斗争，成为敢于斗争、善于斗争的"劲草真金"，不断推进马克思主义中国化时代化，只有这样，才能真正掌握增强斗争本领的核心密码，最终练就游刃有余、敢战能胜的斗争本领。

（一）必须坚持"两个结合"

百年来中国共产党在革命、建设和改革的斗争进程中，始终坚持、创造性运用和发展马克思主义，积累了极为丰富和宝贵的经验，形成了科学的斗争思维和高超的斗争艺术。习近平总书记指出："党之所以能够领导人民在一次次求索、一次次挫折、一次次开拓中完成中国其他各种政治力量不可能完成的艰巨任务，根本在于坚持解放思想、实事求是、与时俱进、求真务实，坚持把马克思主义基本原理同中国具体实际相结合、同中华优秀传统文化相结合。"[1] 新征程上，我们党只有自觉强化"两个结合"意识，不断增强斗争勇气，才能在不

---

[1]《中共中央关于党的百年奋斗重大成就和历史经验的决议》，《人民日报》2021 年 11 月 17 日。

懈奋斗中进一步推动马克思主义中国化时代化。首先，必须坚持以实践为导向，在马克思主义指导下，深入研究客观实际和历史实际，着眼新时代中国特色社会主义建设事业，立足现实变化，在斗争实践中促进理论创新发展。其次，必须坚持以问题为导向，以马克思主义科学理论指导应对当代中国发展遇到的各种重大问题和挑战，以斗争处理问题，在解决问题中实现理论创新。再次，必须坚持以人民为中心的价值导向，立足于人民对美好生活的向往这一奋斗目标，坚持为民斗争，始终把人民性落实到"两个结合"的各方面和全过程。最后，必须坚持以辩证思维为导向，整体把握、一体推动"两个结合"，不但要强化斗争思维，科学把握和准确运用马克思主义普遍原理，还要讲求斗争方法，善于把握社会实际的特殊规律、具体特点，精准了解中国实践，掌握好中华优秀传统文化与时代发展的具体性、特殊性，在实现"两个结合"中持续推动马克思主义中国化时代化，从而为增强党的斗争本领提供坚实保障。

（二）坚持用马克思主义之"矢"去射新时代中国之"的"

2022 年 1 月 11 日，在中央党校省部级领导干部开班式上，习近平总书记指出："我们要准确把握时代大势，勇于站在人类发展前沿，聆听人民心声……更好把坚持马克思主义和发展马克思主义统一起来，坚持用马克思主义之'矢'去射新时代中国之'的'。"① 这要求我们党必须坚持理论与实践相统一，这是续写马克思主义中国化时代化新篇章的关键所在。首先，用马克思主义之"矢"去射新时代中国

①《继续把党史总结学习教育宣传引向深入 更好把握和运用党的百年奋斗历史经验》，《人民日报》2022年 1 月 12 日。

之"的"，要看得清楚明白，不能没有科学手段和正确方法，必须高度重视战略问题，掌握斗争策略。党开展实践活动，是在中国具体的、一定的历史时期进行的，既有特定的国情和根据，也有风险和各种可能，需要精准把握斗争总体大势，讲究机遇，乘势而上，创造条件，因势利导，使斗争形势朝着实现目标最有利的方向发展，为必然性创造条件。其次，用马克思主义之"矢"去射新时代中国之"的"，还要瞄得精准，并不断发力。追溯百年党史，我们党无论是干革命还是进行建设、搞改革开放，都是为了让人民过上美好生活，让人民群众真正当家做主人，彰显人的尊严，体现人的价值，促进人的全面发展。当前，我国发展不平衡不充分问题仍然突出，必须将广大人民群众实现共同富裕放到更加突出的位置，持续发力，久久为功，增强忧患意识、传承斗争精神、提升斗争本领，在新的伟大斗争实践中不断推进马克思主义中国化时代化。

第三节　加强思想和政治历练

中国共产党的斗争精神、斗争本领都不是与生俱来的，也不是朝夕之间就能练就的，必须经过长期的思想淬炼和政治历练，在复杂、严峻的斗争中经风雨、见世面、练胆魄、磨意志、壮筋骨，才能在大风大浪甚至惊涛骇浪中长才干，锤炼斗争真本领。

一、　加强思想淬炼

习近平总书记指出，"广大干部特别是年轻干部要经受严格的思想淬炼、政治历练、实践锻炼"①，"要学懂弄通做实党的创新理论，掌握马克思主义立场观点方法，夯实敢于斗争、善于斗争的思想根基，理论上清醒，政治上才能坚定，斗争起来才有底气、才有力量"②。青年党员作为党和国家事业的接班人，要结合党史学习教育，加强理论学习，坚持读原文悟原理，以坚实的理论基础淬炼思想、增强党性。

（一）通过研习经典著作培养理论思维

经典是超越时空的人类智慧，人类的生存智慧在其中得以传承发展。也只有在经典的研习中，才能进一步强化斗争思维，借鉴斗争经验，提升斗争本领。所以，习近平总书记在纪念马克思诞辰 200 周年大会上指出："共产党人要把读马克思主义经典、悟马克思主义原理当作一种生活习惯、当作一种精神追求，用经典涵养正气、淬炼思想、升华境界、指导实践。"③ 经典之所以是经典，是因其经历了历史的选择和时间的沉淀。人类创造并不断发展着伟大的智慧，经典著作就是伟大智慧的集中体现。人的生命十分有限，历史上的思想家、哲学家不可能跟我们面对面交流，但他们的灵魂可以不朽，可以穿越时

①《习近平谈治国理政》第 3 卷，外文出版社 2020 年版，第 225 页。
②《习近平谈治国理政》第 3 卷，外文出版社 2020 年版，第 227 页。
③《习近平谈治国理政》第 3 卷，外文出版社 2020 年版，第 75 页。

空对我们进行谆谆教诲。我们研读先贤的经典著作，就是和他们对话，感悟经典著作中所承载的不朽灵魂和伟大思想。"马克思主义经典著作蕴含和集中体现着马克思主义基本原理，是马克思主义理论的本源和基础。只有认真学习马克思主义经典著作，系统掌握马克思主义基本原理，才能完整准确地理解中国特色社会主义理论体系，才能创造性地运用马克思主义立场观点方法去分析和解决我们面临的实际问题，不断把中国特色社会主义事业推向前进。"① 这意味着广大党员干部必须认真研读经典著作，以形成正确的世界观和价值观，形成科学的斗争认知，提高辩证思维能力，掌握高超的斗争方法，进而全面提升斗争本领。

（二）通过理论武装坚定"四个自信"

马克思曾在著作《〈黑格尔法哲学批判〉导言》中鲜明强调："批判的武器当然不能代替武器的批判，物质力量只能用物质力量来摧毁；但是理论一经掌握群众，也会变成物质力量。理论只要说服人，就能掌握群众，而理论只要彻底，就能说服人。"② 理论要想让人彻底信服，必须抓住事物的本质，如此才能让人真懂真信。习近平新时代中国特色社会主义思想是马克思主义中国化的最新理论成果，体现了党在政治上理论上的发展和自信。广大党员干部必须认真学习党的理论，武装头脑，做到常学常新、深学深悟。通过理论学习，坚定中国特色社会主义道路自信、理论自信、制度自信和文化自信，增强政治判断力、政治领悟力和政治执行力，以理论上的绝对清醒保障政

---

① 《认真学习马克思主义经典著作 不断推进中国特色社会主义事业》，《光明日报》2011 年 05 月 14 日。
② 《马克思恩格斯全集》第 3 卷，人民出版社 2002 年版，第 207 页。

治上的坚定执着，不断增强我们党的斗争底气，夯实斗争本领。

（三）通过党性修养坚定理想信念

党性修养的重点就是坚定理想信念。回顾党的百年辉煌历史，无数革命先烈抛头颅、洒热血在斗争中献出了自己的宝贵生命，广大共产党人为了党的事业鞠躬尽瘁，他们为的都是心中的主义和信仰。然而，随着社会经济的快速发展、生活水平的不断提高，党员干部面对的诱惑和干扰也越来越多，如果理想信念不坚定，就会禁不住金钱和权力的诱惑。要有效应对这些变化，党员干部就要不断加强党性修养，坚定马克思主义的根本价值追求，选择最能为人类谋幸福的职业，并为之不懈奋斗。只有在这样的信仰中走向崇高，真正坚定理想信仰，我们才能在斗争中坚持原则，不迷失自我和方向。

二、 加强政治历练

新时代的今天，我们面临更加复杂和艰巨的斗争任务，矛盾和挑战前所未有。党员干部作为中国特色社会主义伟大事业的核心骨干，如果没有过硬的政治能力，很容易被问题压倒，被困难吓退，难以适应新形势下的发展，难以有效履行职责。只有始终保持强大的政治定力，以敢于斗争的战略胆略和善于斗争的科学方略，顽强而坚韧地扫除前进道路上的各种障碍，我们才能在复杂的斗争形势中占据主动、掌控全局，从容地开展斗争。

（一）在政治历练中练就政治慧眼

政治慧眼指能够深入透彻地观察、分析、处理问题，保持较强的政治鉴别力和政治敏锐性，做到眼睛亮、遇事早、行动快。广大党员要在政治历练中，练就清醒的政治头脑、坚定的政治立场，增强政治能力，同时，还要善于辨别政治是非，始终保持政治定力，防范政治风险，从而练就把握斗争方向、把握斗争大势、把握斗争全局的能力。在党的历史上，面对"红旗到底打得多久"的质疑，毛泽东以"星星之火可以燎原"作出自信回答；面对社会主义市场经济"姓资姓社"的问题，邓小平以南方谈话冲破了思想束缚。他们正是在无数的政治历练、斗争谜团中练就了一双火眼金睛，在历史的十字路口作出了顺应时代潮流的正确的斗争抉择。

（二）在政治历练中涵养政治定力

政治定力需要在现实的实践考验中巩固和强化。涵养政治定力，必须通过具体的政治历练，甚至是重大斗争的考验。中国共产党是在斗争中诞生并发展壮大的党，经历百年的奋斗洗礼，斗争精神早已融入共产党人的血脉，贯穿于革命、建设和改革的各个历史时期。新征程上，我们党领导全国人民进行伟大的社会革命，触及复杂的利益格局，涉及众多尖锐的社会矛盾，这要求党在面对大是大非时必须男于亮剑，面对矛盾冲突时敢于挺身而出，面对失误和挫折时敢于主动承担。只有处理过复杂矛盾、经历过重大斗争，党员干部的政治定力才能更加坚强，进而抵御种种诱惑，战胜种种压力。淬炼过硬的政治定力不是一蹴而就的，必须拿出滚石上山的拼劲、燕子垒窝的恒劲，时时对照习近平新时代中国特色社会主义思想要求、党章党规、民生民意检视不足，自觉投身于基层一线、压力大的环境中经受锻炼，不断砺思想、壮筋骨、升境界，方能做到危险考验面前毫不畏惧，名利诱惑面前岿然不动，大是大非面前斗争立场坚定、斗争意志顽强，一心一意为党分忧、为民服务。

（三）在政治历练中恪守政治规矩

"欲知平直，则必准绳；欲知方圆，则必规矩。"（《吕氏春秋·自知》）恪守政治规矩，党员干部才能知敬畏、知底线，才能做到"任凭风吹浪打，我自岿然不动"。须知，无规矩不成方圆，只有恪守政治规矩，才能筑牢理想信念之基、补足精神之钙、把稳思想之舵。广大党员要在政治历练中培养自己守规矩的意识自觉，做到有底线、不任性，依法行政、科学施政，多行利民之举，多干利民之事。与此同时，我们还要在复杂的斗争局势中奋发有为，不负党组织的重托，不负时代赋予的责任与使命。

第四节　坚持理性斗争思维

斗争思维是斗争本领的理论基础，斗争本领以斗争思维为指导。没有理性的斗争思维，很难迈出斗争的步伐、开展斗争的行动，更难以在斗争实践中提升斗争本领。这就意味着，新时代中国共产党只有全面系统把握好斗争思维，坚持战略思维、底线思维、法治思维，才能更好增强斗争本领。

一、 战略思维

习近平总书记强调："我们共产党人的斗争，从来都是奔着矛盾问题、风险挑战去的。"① 特别是当前我们党既要统筹"两个大局"，也要统揽"四个伟大"，在前进道路上遇到的矛盾问题更加尖锐、面临的风险挑战前所未有、面对的国际局势纷繁复杂。若要战胜这一系列问题、风险、挑战，取得斗争胜利，必须运用战略思维，坚持理性斗争。对此，习近平总书记指出："战略思维能力，就是高瞻远瞩、统揽全局，善于把握事物发展总体趋势和方向的能力。"② 而这种精准把握大局大势的思维能力，历来都是我们党赢得斗争的先决条件。"善战者，求之于势。"增强斗争本领必须以坚持战略思维为基础前提，使我们党在斗争过程中有理性、讲科学、有远见、谋全局。

首先，战略思维有助于我们党在斗争过程中从眼前的、一时的得失与成败中超拔出来，永葆远见卓识的预见性和前瞻性。更具体地说，如果党在带领人民进行伟大斗争的过程中，想问题、作决策总是拘泥于眼下的利益得失，视野不开阔、胸襟不豁达，势必不能做到放眼未来，更不能正确认识伟大斗争的长期性、艰巨性和复杂性，终将导致作出错误研判，甚至给党和人民事业带来巨大损失。俗话说，不怕眼前落后，就怕眼光落后。只有坚持战略思维，把握大势、辨清形势、审时度势，我们党才能时刻做好斗争准备，真正掌握斗争的主动权。

---

①《习近平谈治国理政》第 3 卷，外文出版社 2020 年版，第 226 页。

②《习近平新时代中国特色社会主义思想学习纲要》，学习出版社、人民出版社 2019 年版，第 244 页。

其次，战略思维有助于我们党在斗争过程中从"小我"观念、个人主义、团体主义和地方主义中超拔出来，看问题、想事情能够秉持全局观念和整体意识，任何时候任何情况都能做到小我服从大我、个人服从集体、地方服从中央，决不以自我为中心不顾及国家的整体利益，决不以强调地方的"特殊性"为借口不服从中央的政策或不执行中央的计划。关于这一点，毛泽东早在《古田会议决议》中就明确提出坚决反对个人主义，认为这种"小我"观念的实质就是缺乏战略思维的全局观。因而，唯有坚持战略思维，才能充分发扬党的斗争精神，有效克服个人主义、团体主义以及地方主义等错误倾向。

再次，战略思维有助于我们党在斗争过程中从细枝末节和无关宏旨的事情中超拔出来，"不畏浮云遮望眼"，抓住事物的本质和关键。也就是说，尽管我们党进行许多具有新的历史特点的伟大斗争，但必须在诸多斗争中抓住对事物发展起决定性作用的主要矛盾和矛盾的主要方面。换句话说，我们既要防止主次不分，眉毛胡子一把抓，也要防止"一叶障目，不见泰山"，更要防止"一着不慎，满盘皆输"。唯有这样，才能有力提升斗争本领，大力推动斗争进程。

最后，战略思维有助于我们党在斗争过程中从心浮气躁的情绪和急功近利的心态中超拔出来，办事情、做决定既能把握当下，又能立足长远，避免欲速不达、急于事功。我们党的各级领导干部必须"树立正确的政绩观，注意防止和纠正各种急功近利的行为，不贪一时之功、不图一时之名，多干打基础、利长远的事"①。总而言之，增强党的斗争本领，必须坚持运用战略思维进行理性斗争。唯有如此，才能

---

① 李学同、陈金龙主编：《新时代全面从严治党知识问答》，人民出版社 2018 年版，第 35 页。

在新时代的伟大斗争中保持战略定力，把握斗争进程，取得斗争胜利。

二、 底线思维

"底线思维是以底线为导向的思维方式"①，主张从最低处着眼，从最坏处准备，充分体现了斗争精神的真谛。2019 年 1 月，习近平总书记在省部级主要领导干部坚持底线思维着力防范化解重大风险专题研讨班开班式上发表重要讲话，强调全党上下要"坚持底线思维，增强忧患意识，提高防控能力，着力防范化解重大风险"②，不断夺取新时代伟大斗争的新胜利。特别是当前面对世情国情党情的深刻变化，共产党人只有高度重视底线思维，把前进路上的困难和挑战估计得充分一些，把预案和措施准备得周密一些，才能使我们党在进行伟大斗争的过程中始终坚守底线、临危不乱，积极探求能够有效规避风险、化解矛盾、开拓创新的方法和路径。

（一） 开展伟大斗争必须精准画出底线

习近平总书记在对"两学一做"学习教育的重要指示中强调，全体党员干部要团结带领人民进行伟大斗争，必须做到有担当、知进退，把做人做事的底线画出来。首先，明确法律底线。国家法律是党代表人民制定的，中国共产党必须增强自身法律意识，在遵守国家法

---

① 吴家庆、陈德祥：《论习近平新时代中国特色社会主义思想对马克思主义的原创性贡献》，《马克思主义研究》2019 年第 7 期。

② 习近平：《提高防控能力着力防范化解重大风险 保持经济持续健康发展社会大局稳定》，《人民日报》2019 年 1 月 22 日。

律方面发挥先锋模范作用，将法律底线视作开展斗争过程中不容挑战的高压线，确保斗争进程始终在"安全区域"内进行。其次，明确纪律底线。对于党员干部而言，纪在法前、纪严于法。明确画出底线，首先就要严明党的纪律底线，并将其作为党开展斗争过程中不可逾越的红线，确保党员干部头脑清醒、立场坚定，牢牢把握正确的斗争方向。最后，明确道德底线。对于党的各级领导干部来说，德乃官之本，为官先修德。正如习近平总书记所说，"法是他律，德是自律，需要二者并用。如果人人都能自觉进行道德约束，违法的事情就会大大减少，遵守法律也就会有更深厚的基础"①，开展斗争也就会有更持久的支撑。换句话说，共产党人的斗争要有立场、有原则，各级领导干部要坚持自身道德底线，真正做到自省自律自警自励，不断提升自我，增强斗争本领。

（二）开展伟大斗争必须坚决守住底线

习近平总书记指出，"我们的事业越前进、越发展，新情况新问题就会越多，面临的风险和挑战就会越多，面对的不可预测的事情就会越多"②，亟须党员干部运用底线思维，增强风险防范意识和忧患意识，凡事做好最坏的打算，同时也积极争取最好的结果，才能在敢于斗争的基础上，切实做到善于斗争。事实上，"安不忘危、存不忘亡"一直是中华民族的优秀传统、文化精髓，中国共产党在百年奋进征程上始终未雨绸缪、不忘忧患，始终无所畏惧、克难前行。正是一直怀着强烈的危机和忧患意识，我们党才能及时处置、有效应对各种风险

---

① 《习近平关于社会主义文化建设论述摘编》，中央文献出版社 2017 年版，第 138 页。
② 《习近平谈治国理政》第 1 卷，外文出版社 2018 年版，第 23 页。

与挑战，取得一个又一个斗争的胜利。特别是在当前"黑天鹅"乱飞的时代，不确定性已然成为常态。波谲云诡的国际形势、复杂敏感的周边环境，以及各种危险挑战日益明显的联动效应，使我们面对的斗争对象更加多元化、隐秘化。这就更加迫切需要我们党既要坚决守住底线，又要增强忧患意识，应对好每一场风险挑战，切实做好每一项重大工作。总而言之，在习近平总书记看来，"面对波谲云诡的国际形势、复杂敏感的周边环境、艰巨繁重的改革发展稳定任务，我们必须始终保持高度警惕"①，尤其是党的领导干部必须自觉树牢底线思维、强化忧患意识，以更加充沛顽强的斗争精神、更加过硬高超的斗争本领，时刻准备投入新的伟大斗争，为党和国家的伟大事业贡献力量。

三、 法治思维

开展斗争必须坚持法治原则。2018 年习近平总书记在主持中央全面依法治国委员会第一次会议时强调："在统筹推进伟大斗争、伟大工程、伟大事业、伟大梦想，全面建设社会主义现代化国家的新征程上，我们要更好发挥法治固根本、稳预期、利长远的保障作用。"② 法治是国家治理现代化的基本要求，在新征程上开展伟大斗争须在法治的框架下进行。具体来说，坚持法治就要摒弃人治思维，用法治思维和法治方式开展斗争，落实全面治国方略。

---

① 《习近平谈治国理政》第 3 卷，外文出版社 2020 年版，第 219 页。
② 《习近平谈治国理政》第 3 卷，外文出版社 2020 年版，第 219 页。

（一）开展斗争要破除人治思维

进行斗争时必须坚持法治思维，摒弃人治思维，这是基于我国历史与现实得出的必然结论。习近平总书记指出："法治和人治问题是人类政治文明史上的一个基本问题，也是各国在实现现代化过程中必须面对和解决的一个重大问题。综观世界近现代史，凡是顺利实现现代化的国家，没有一个不是较好解决了法治和人治问题的。"① 一方面，破除人治思维要克服法律虚无主义的倾向。虽然从革命到建设，从建设到改革，我们党对法治的认识不断加深，但就开展伟大斗争而言，仍需克服法律虚无主义倾向。法律虚无主义是指否认法的社会作用和价值，主张在社会中取消法律及法律调整的主张。马克思主义认为，法律是人类社会发展到一定历史阶段的产物，具有历史进步意义和巨大社会意义。对法律虚无主义持批判态度，必须承认社会主义法律存在的重要性和必要性。另一方面，开展斗争还要克服法律工具主义倾向。现实实践中，钻法律空子、策略性利用法律、挟法律追求私利都是法律工具主义的表现。法律工具主义容易使伟大斗争蜕变为法律斗争的工具，从而产生极其恶劣的后果。新征程上进行伟大斗争、破除法律工具主义的关键在于努力实现法律保障公民权利、维护社会公平正义的价值属性。与此同时，开展斗争还要守住法治底线。作为执政党，必须推进依法行政，在宪法和法律的范围内活动；各级政府要积极加快法治政府建设的步伐。党员干部在作出重大决策时应把合法作为出发点来考虑问题，积极推行重大决策的法治审核。在斗争过

---

① 《习近平关于全面依法治国论述摘编》，中央文献出版社 2015 年版，第 12 页。

程中学会用法治思维管控矛盾，既敢于坚决斗争，又保护公民的合法权益，决不越过法治红线。

(二) 开展伟大斗争要运用法治方式

开展伟大斗争必须学会用法治方式来处理问题、化解风险矛盾。党的十八大报告明确指出："提高领导干部运用法治思维和法治方式深化改革、推动发展、化解矛盾、维护稳定、应对风险的能力。"一是要有规则至上的意识。法治归根到底是规则之治，法治建设就是使人的行为服从规则的事业。开展伟大斗争涉及国家治理各个方面，包含法律、政策、规范性文件等多种规范，但其中法律具有最高效力和最强权威性，政策、规范性文件的制定都不得违反法律规定和法律原则。同时，在执法过程中，也要遵循"法无授权不可为、法无禁止即可为"的原则，严格按法律办事，树立法治权威。二是要尊重保护公民权利。公民权利是现代法治国家对人的主体地位、人性尊严、自由和利益的基本尊重。马克思曾指出："法典就是人民自由的圣经。"[1]公民的基本权利得到法律的保护，非经正当程序不得随意被剥夺，已成为文明世界的普遍准则。我国改革开放以来法治建设的历史就是一部保护公民权利的历史，公民享有权利的种类和保护强度都不断增加，2004年"国家尊重和保障人权"更是被写入宪法。从重视公民义务发展到尊重保护公民权利，这是法治进步的重要标志。三是要遵循正当程序。正当程序不仅可以保障公正的实现，还是一种良好的工作方法。在斗争中学会按程序办事，尊重和服从程序结果，其斗争效

---

[1]《马克思恩格斯全集》第 1 卷，人民出版社 1995 年版，第 176 页。

果远好于不尊重程序。当遇到争议或纠纷时，应善于从程序角度考虑问题，充分发挥程序作用，学会将各种问题转化为法律问题并在法律框架内寻求解决。并且，还要让司法机关独立行使权力，进而形成合法有效的结果，这也是开展斗争的大智慧。

第五节　领导干部要做有勇有谋的"斗士"和"智士"

各级领导干部是落实党的思想理论的执行者和贯彻者，党中央制定的路线、方针、政策的实现，靠的就是各级领导干部的实干担当。习近平总书记指出："领导干部不论在哪个岗位、担任什么职务，都要勇于担当、攻坚克难，既当指挥员、又当战斗员，培养和保持顽强的斗争精神、坚韧的斗争意志、高超的斗争本领。"① 当前，以习近平同志为核心的党中央正带领全国人民为建设社会主义现代化强国和实现中华民族伟大复兴的中国梦而努力，但实现目标的过程绝不会一帆风顺，一定会遇到种种困难和挑战。因此，领导干部必须牢固树立斗争意识，敢于迎接风险挑战，在大是大非面前敢于亮剑，在矛盾冲突面前敢于迎难而上，在危机困难面前敢于挺身而出，在歪风邪气面前敢于坚决斗争，做有勇有谋的"斗士"和"智士"。

---

① 《习近平谈治国理政》第 3 卷，外文出版社 2020 年版，第 227—228 页。

一、 要在大是大非面前敢于亮剑

大是大非问题关乎党和国家的前途命运，关乎广大人民群众的根本利益，是国之根本问题。对此，习近平总书记明确强调："凡是危害中国共产党领导和我国社会主义制度的各种风险挑战，凡是危害我国主权、安全、发展利益的各种风险挑战，凡是危害我国核心利益和重大原则的各种风险挑战，凡是危害我国人民根本利益的各种风险挑战，凡是危害我国实现'两个一百年'奋斗目标、实现中华民族伟大复兴的各种风险挑战，只要来了，我们就必须进行坚决斗争，而且必须取得斗争胜利。"① 习近平总书记以高度的责任意识和担当精神，站在党和国家前途命运的高度上，深刻指出了大是大非问题可能出现的领域。这就需要广大领导干部提高政治判断力、政治领悟力和政治执行力，时刻保持头脑清醒和坚定立场，在工作实践中明辨是非，努力为党和国家的伟大事业保驾护航。此外，领导干部还要明白，大是大非问题有可能会反复出现，尤其是当前我们面临百年未有之大变局，决不可以安逸松懈、麻痹大意。我们也要明白，事关大是大非的问题可能会不断变换新形式出现，但其本质始终不变，目的就是阻碍中华民族伟大复兴的进程。因此，各级领导干部一定要"咬定青山不放松"，始终在大是大非面前敢于亮剑。

① 《习近平谈治国理政》第 3 卷，外文出版社 2020 年版，第 226 页。

二、要在矛盾冲突面前敢于迎难而上

矛盾是普遍存在的，有矛盾就免不了斗争。习近平总书记深刻指出："我们共产党人的斗争，从来都是奔着矛盾问题、风险挑战去的。当前和今后一个时期，我国发展进入各种风险挑战不断积累甚至集中显露的时期，面临的重大斗争不会少，经济、政治、文化、社会、生态文明建设和国防和军队建设、港澳台工作、外交工作、党的建设等方面都有，而且越来越复杂。"[①] 共产党人就是在一次次斗争中成长壮大起来的，从不怕斗争。新时代的今天，领导干部要在矛盾冲突面前迎难而上、主动担当，有效化解重大矛盾。为此，必须科学预判矛盾可能发生的领域。一是深刻把握社会主要矛盾转化这一关系全局的历史性变化。抓住社会主要矛盾并对其进行科学研判和部署，是我们党长期以来治国理政的一条成功经验。领导干部在矛盾冲突面前敢于迎难而上，必须紧紧抓住社会主要矛盾。二是妥善应对外部环境变化。当今的世界，经济增速持续走低，贸易保护主义不断抬头，逆全球化暗流涌动，地区军事冲突时有发生。与此同时，西方敌对势力片刻没有停止对我国的污蔑，还妄图干涉我国内政。这些都可能带来新的矛盾冲突。领导干部必须密切关注外部环境变化，在矛盾冲突面前敢于斗争。

---

① 《习近平谈治国理政》第 3 卷，外文出版社 2020 年版，第 226 页。

三、 要在危机困难面前敢于挺身而出

中国共产党成立以来，经历了无数危机与困难，但正因为有广大党员干部在危难面前挺身而出，才使得我们党逐渐成长壮大。新征程上，领导干部仍要弘扬这一优良传统，针对新情况新问题，讲求方法策略，继续做危机困难面前有勇有谋的"战士"和"谋士"。首先，在危机困难发生前要有未雨绸缪的能力。正如习近平总书记所言："领导干部要有草摇叶响知鹿过、松风一起知虎来、一叶易色而知天下秋的见微知著能力，对潜在的风险有科学预判，知道风险在哪里，表现形式是什么，发展趋势会怎样，该斗争的就要斗争。"[①] 大部分危机都不是突然发生的，一般都有预兆。领导干部要坚持对危机困难抓早抓小，坚持露头就打，争取把苗头扼杀在初期。其次，危机困难发生时，领导干部必须在关键时刻挺身而出，主动到危机困难发生的最前沿、到现场分析调研、了解情况，积极寻求解决危机困难的办法。最后，在危机困难结束后，领导干部还要及时做好善后工作，防止发生其他连锁反应。领导干部要继续关注危机困难，防止短时间内再次发生；及时总结教训，建立完善有关预警方案。

四、 要在歪风邪气面前敢于坚决斗争

歪风邪气多了，新风正气就少了，就会严重破坏一方的政治生

[①]《习近平谈治国理政》第 3 卷，外文出版社 2020 年版，第 226—227 页。

态，进而损害党的健康肌体，削弱党的号召力和战斗力。习近平总书记指出："夯实管党治党基础，特别要有一个覆盖全面、功能健全的基层党组织体系，有一支素质较好、作用突出的党员、干部队伍，有一套便利管用、约束力强的制度机制，有一个正气弘扬、歪风邪气没有市场的政治生态。"① 领导干部作为各级党委政府中的"关键少数"，在塑造当地政治生态中起着关键作用，要同歪风邪气做坚决斗争，必须抓牢领导干部这个"关键少数"。具体地说，领导干部首先要做政治上的明白人，决不能在党内搞团团伙伙，决不能有任何分裂党的图谋，要坚决反对一切非组织化、非制度化行为。领导干部必须牢记党的纪律，做到心中有戒，严守党的政治纪律、组织纪律、工作纪律和生活纪律，同一切违法乱纪的歪风邪气做坚决斗争。此外，领导干部还要反对"好人主义"，不能搞无原则的一团和气，该进行斗争的时候必须坚决斗争。

回首往昔，坚持斗争、敢于斗争、善于斗争是中国共产党的鲜明宝贵品质。中国共产党在斗争中成长壮大、淬炼成钢，中华民族在斗争中乘风破浪、走向复兴。习近平总书记在党的二十大报告中指出："坚持发扬斗争精神。增强全党全国各族人民的志气、骨气、底气，不信邪、不怕鬼、不怕压，知难而进、迎难而上，统筹发展和安全，全力战胜前进道路上各种困难和挑战，依靠顽强斗争打开事业发展新天地。"迈上新征程，我们的前途虽然光明，但也不平坦，甚至可能要经受风高浪急甚至惊涛骇浪的考验。在我们这样一个人口规模巨大、地区发展不平衡的大国建设现代化强国，其艰巨性尤为突出，将

---

① 《习近平总书记主持召开陕甘宁革命老区脱贫致富座谈会侧记》，新华网 2015 年 2 月 16 日。

会面临诸多现实问题和矛盾的挑战。当今世界进入百年未有之大变局，制度和意识形态较量不断加剧，各种传统和非传统安全问题相互交织，各类不确定性风险增加。对此，中国共产党必须站稳人民立场，坚持底线思维，增强历史主动，继续发扬斗争精神，团结带领中国人民奋力拼搏、迎难而上、勇毅前行，以中国式现代化全面推进中华民族伟大复兴。